济南人才发展蓝皮书

（2023）

Blue Book of Jinan Talents Development

济南人才发展研究报告

济 南 社 会 科 学 院
济南市人才服务中心　编
济南高层次人才发展促进会

山东城市出版传媒集团·济南出版社

图书在版编目（CIP）数据

济南人才发展蓝皮书.2023/济南社会科学院，济南市人才服务中心，济南高层次人才发展促进会编.—济南:济南出版社,2023.10

ISBN 978-7-5488-5904-8

Ⅰ.①济… Ⅱ.①济… ②济… ③济… Ⅲ.①人才-发展战略-研究报告-济南-2023 Ⅳ.①C964.2

中国国家版本馆CIP数据核字(2023)第182186号

济南人才发展蓝皮书（2023） JINAN RENCAI FAZHAN LANPISHU 2023

出 版 人 田俊林
责任编辑 陈玉凤 丁洪玉
装帧设计 李冉冉

出版发行 济南出版社
地　　址 济南市二环南路1号（250002）
印　　刷 山东天马旅游印务有限公司
版　　次 2023年10月第1版
印　　次 2023年10月第1次印刷
成品尺寸 165mm × 237mm 16开
印　　张 14.75
字　　数 228千
定　　价 68.00元

《济南人才发展蓝皮书（2023）》

编委会

前言

人才是第一资源。古往今来,人才都是固国之本、兴邦大计。党的十八大以来,以习近平同志为核心的党中央高度重视人才和人才工作,对人才事业发展提出了一系列新理念新战略新举措,坚持聚天下英才而用之,作出全方位培养、引进、使用人才的重大部署,加快人才强国建设,推动新时代人才工作取得历史性成就、发生历史性变革。党的二十大报告指出:“必须坚持科技是第一生产力、人才是第一资源、创新是第一动力,深入实施科教兴国战略、人才强国战略、创新驱动发展战略,开辟发展新领域新赛道,不断塑造发展新动能新优势。”这为深入实施新时代人才强国战略、强化中国式现代化人才支撑提供了根本遵循。

近年来,济南市深入学习贯彻习近平总书记关于做好新时代人才工作的重要思想,全面落实中央和省委人才工作会议精神,牢固确立人才引领发展的战略定位,积极融入国家人才战略布局,充分发挥山东“2+N”人才雁阵格局领头雁作用,抢抓重大国家战略机遇,大力实施人才强省会战略,持续完善提升人才政策体系,加快创新创业平台载体建设,持续优化人才发展生态,加大投入保障,全方位培养引进用好人才,加快建设黄河流域人才集聚高地,为“强新优富美高”新时代社会主义现代化强省会建设提供了坚实有力的人才支撑。2022年全市人才资源总量突破263万人,获评“2022中国年度最佳引才城市”,入围“外国专家眼中最具吸引力的中国城市”。

今天的济南,市域总面积超过1万平方公里,人口超过1千万,经济总量突破1.2万亿元。黄河流域生态保护和高质量发展国家战略明确了济南黄河流域中心城市定位，新旧动能转换起步区、自贸试验区济南片区、科创金融改革试验区、绿色低碳高质量发展先行区等战略先后落地，国家战略叠加为济南发展带来了无限机遇。济南成功跻身中国特大城市行列，综合实力稳居全国城市前20强，具备助力各类人才成就事业的十大优势：战略红利交汇叠加、交通网络四通八达、科技创新实力雄厚、数字赋能势头强劲、人才保障基础坚实、金融服务优势突出、营商环境持续优化、消费市场潜力巨大、城市品质生态宜居、人文环境厚重淳朴。济南已经成为各类创新创业人才的向往之地。

千秋基业，人才为本。人才是一个城市发展的强引擎，也是一个城市创新的动力源。当前，济南正加快建设“强新优富美高”新时代社会主义现代化强省会，比以往任何时候都更渴求人才，也比以往任何时候都更能成就人才。我们怀揣“周公握发延宾”之心聚天下英才，持之以恒打造引才聚才的济南“强磁场”、敬才爱才的济南气场、识才辨才的济南赛场，期望把各方面人才汇聚到现代化强省会建设的光荣使命中来，为推动济南高质量发展提供坚强的人才支撑和智力支持。

“一部济南发展史，就是一部城市与人才相生相长、共生共荣的历史。”1200多年前，诗圣杜甫在济南留下了“海右此亭古，济南名士多”的千古佳句。今天，这座有着“礼贤下士、重才敬才”文化基因的千年古城，正以“海纳百川、广聚群贤”的眼界、胸怀和魄力，以求贤若渴的真心诚意，期待更多人才与济南“双向奔赴”“互相成就”的故事不断上演！期待八方英才梦响“海右”，赢在济南！

编者

2023年6月

目 录

第一章　黄河流域人才集聚高地加快形成

——2022 年济南人才发展总报告

党的二十大报告指出，“深入实施人才强国战略”，“强化现代化建设人才支撑”。济南市深入贯彻落实党中央关于人才工作的决策部署，大力实施人才强省会战略，出台人才政策“双 30 条”等措施，推进齐鲁科创大走廊和济南科创城建设，深入实施“海右”系列人才工程，不断推进人才工作创新发展，全方位培养、引进、用好人才，加快建设黄河流域人才集聚高地，为新时代社会主义现代化强省会建设提供强有力的人才智力支撑，济南人才工作发展水平迈上新台阶。

一、　新时代济南人才工作取得丰硕成果

党的十八大以来，济南市牢固确立人才引领发展的战略定位，深入实施人才强市战略，不断完善人才发展战略布局，创新人才发展体制机制，加快各级创新创业平台载体建设，持续优化人才发展生态，人才工作取得丰硕成果。

（一） 人才资源规模持续壮大

近三年来，济南市人才资源总量呈不断增加态势，新增人才数量继续保持“10 万 +”快速增长，年均增长率超过 5%。其中，

2020 年达到 230.67 万人，2021 年达到 247.78 万人，比上年增加 17.11 万人，同比增长 7.42%；2022 年达到 263.61 万人，比上年增加 15.83 万人，同比增长 6.39%。其中，学历型人才 219.43 万人，专业技术人才 53.09 万人，技能人才 70.01 万人，党政人才 46.71 万人，农村实用人才 9.47 万人，社会工作人才 0.8 万人，基本建成规模宏大、结构合理、素质优良的人才队伍。

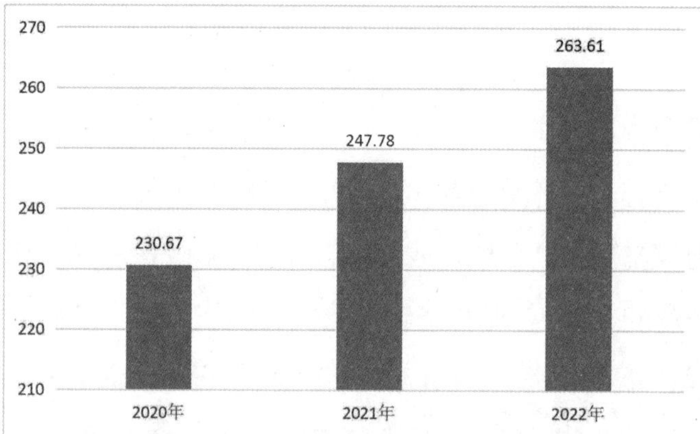

图 1-1　2020—2022 年济南市人才总量（单位：万人）
（数据根据济南市人才服务中心有关资料整理）

（二）人才资源结构不断优化

1. 人才资源年龄结构趋于年轻化。从学历型人才年龄分布看，2020 年，20 岁以下的人才数量 0.05 万，占比 0.02%；21 岁至 30 岁的人才数量 49.29 万，占比 25.40%；31 岁至 40 岁的人才数量 76.08 万，占比 39.21%；41 岁至 50 岁的人才数量 34.96 万，占比 18.02%；51 岁至 60 岁的人才数量 18.42 万，占比 9.49%；60 岁以上的人才数量 15.25 万，占比 7.86%。

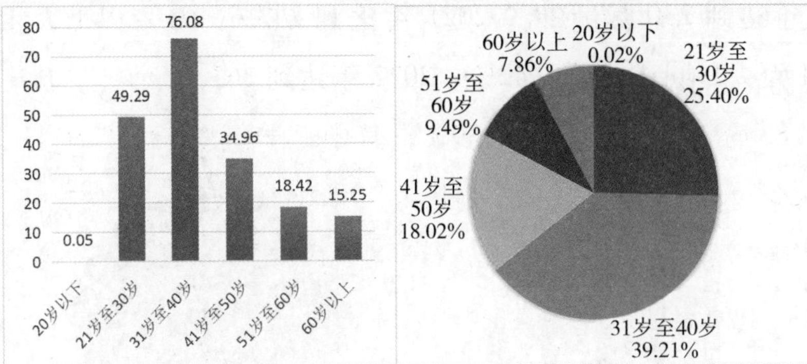

图 1－2 2020 年济南市学历型人才各年龄段分布（单位：万人）
（数据根据济南市人才服务中心有关资料整理）

2021 年，20 岁以下人才数量 0. 03 万，占比 0. 01%；21 岁至 30 岁人才数量 51. 04 万，占比 24. 86%；31 岁至 40 岁人才数量 78. 72 万，占比 38. 35%；41 岁至 50 岁人才数量 38. 52 万，占比 18. 76%；51 岁至 60 岁人才数量 20. 84 万，占比 10. 15%；60 岁以上人才数量 16. 13 万，占比 7. 86%。

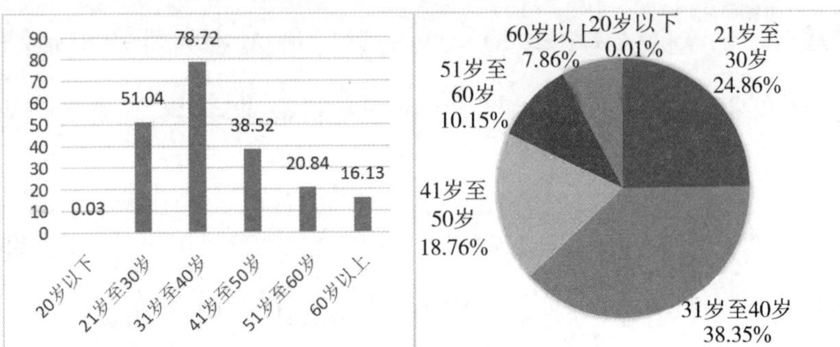

图 1－3 2021 年济南市学历型人才各年龄段分布（单位：万人）
（数据根据济南市人才服务中心有关资料整理）

2022 年，20 岁以下人才数量 0. 04 万，占比 0. 02%；21 岁至 30 岁人才数量 57. 97 万，占比 22. 81%；31 岁至 40 岁人才数量 89. 06 万，占比 35. 04%；41 岁至 50 岁人才数量 51. 13 万，占比 20. 12%；

51 岁至 60 岁人才数量 29. 93 万，占比 11. 78%；60 岁以上人才数量 26. 01 万，占比 10. 23%。

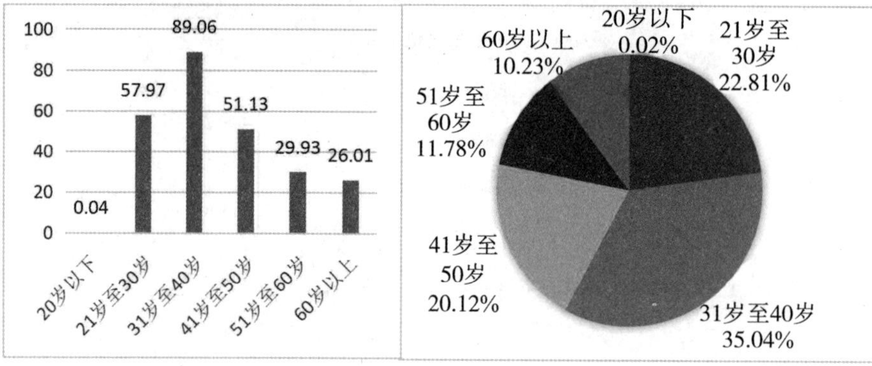

图 1－4　2022 年济南市学历型人才各年龄段分布（单位：万人）
（数据根据济南市人才服务中心有关资料整理）

综上，从以上三年数据来看，济南市人才结构呈现三个特点：一是中青年学历型人才数量庞大，占比较大，其中 2022 年 31 岁至 40 岁人才占比达到 35. 04%，人才红利凸显；二是学历型人才数量及年龄结构与产业结构相适应；三是学历型人才数量及年龄结构与四大主导产业和战略性新兴产业（先进制造业与数字经济产业等）初步相匹配。

2. 人才资源领域和行业分布更趋合理。2021 年，人才集聚前十行业分别为公共管理、社会保障和社会组织，租赁和商务服务业，批发和零售业，信息传输、软件和信息技术服务业，建筑业，制造业，居民服务、修理和其他服务业，科学研究和技术服务业，教育，卫生和社会工作。

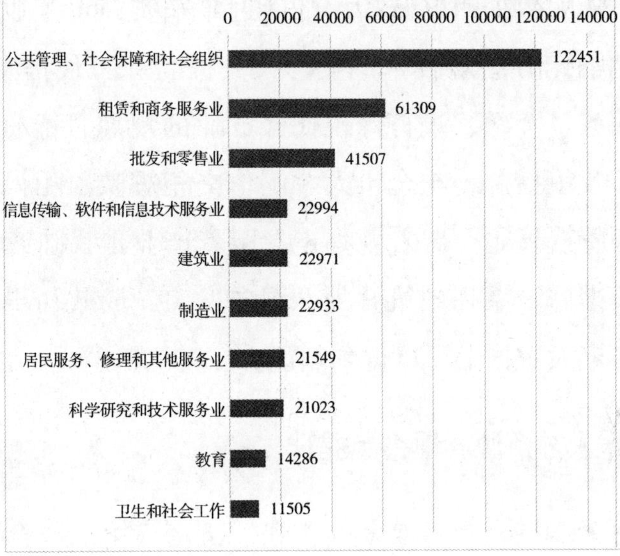

图 1－5　2021 年济南市人才集聚前十行业

（数据根据济南市人才服务中心有关资料整理）

2022 年，人才集聚前十行业分别为租赁和商务服务业，制造业，批发和零售业，信息传输、软件和信息技术服务业，建筑业，科学研究和技术服务业，金融业，教育，交通运输、仓储和邮政业，房地产业。

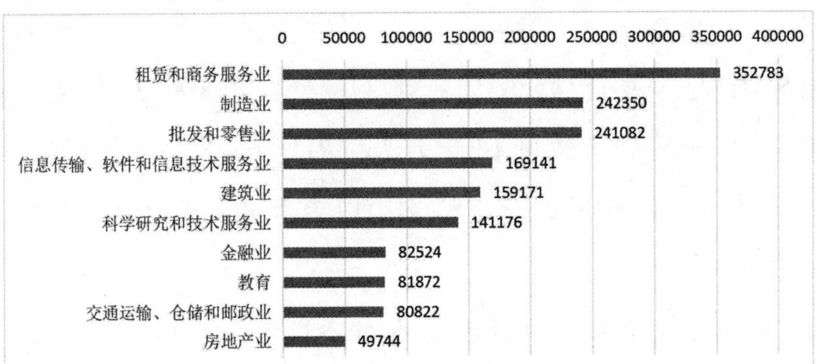

图 1－6　2022 年济南市人才集聚前十行业

（数据根据济南市人才服务中心有关资料整理）

综上，从大数据粗略分析，济南近年来实施了工业强市、科创济南、数字济南，高新技术产业、大数据与新一代信息技术产业，以及商务服务、金融、教育等现代服务业的规划、行动计划、实施方案和若干政策措施，与全市人才工作交相辉映、相得益彰。全市人才工作跟着发展走、跟着规划走、跟着产业走，陆续出台人才发展若干政策措施，系列政策叠加，同向发力，成效初步显现，在人才流入和集聚大数据上可以得到印证。

（三）人才资源质量稳步提升

1. 人才资源受教育程度整体提高。济南市第七次全国人口普查数据显示，全市每 10 万人中拥有大学文化程度的人口为 2.59 万人，居全省首位，高出全省平均水平 1.15 万人。全市常住人口中，劳动年龄段人口平均受教育年限为 12.04 年，高于全省平均水平 1.24 年，全省排名第一；劳动年龄段人口文化程度大学以上比例显著提升，16 岁至 59 岁人口中具有大学文化程度的人口占比达 39.2%，比 2010 年第六次全国人口普查提高 14.8 个百分点。截至 2022 年 12 月 31 日，全市学历型人才总量为 219.43 万人。其中，专科生数量为 99.5 万人，占比 45.33%；本科生数量 104.3 万人，占比 47.55%；硕士研究生数量 13.7 万人，占比 6.25%；博士研究生数量 1.9 万人，占比 0.87%。本科学历以上人才占学历型人才总量的一半以上①。

2. 高等院校毕业生来济就业人数不断攀升。驻济高校共有 52 所，在校大学生 67.1 万人，每年毕业大学生约 18 万人。2021 年，新增青年人才 13.29 万人，其中大学生 12.14 万人，硕士研究生

---

① 数据根据济南市人才服务中心有关资料整理。

10146 人，博士研究生 312 人，海外留学人才 1085 人。2022 年新增青年人才 13. 59 万人，其中大学生 12. 3 万人，硕士研究生 1. 1 万人，博士研究生 340 人，海外留学人才 1583 人。

表 1－1　2021—2022 年新增青年人才情况（单位：人）

年份	大学生	硕士研究生	博士研究生	海外留学人才	总数
2021 年	121400	10146	312	1085	132943
2022 年	123000	11000	340	1583	135923

（数据根据济南市人才服务中心有关资料整理）

3. 高层次人才数量稳中有升。据统计，2020 年至 2022 年底，济南市通过审核认定的 A 类人才 25 人，B 类人才 127 人，C 类人才 701 人，D 类人才 2842 人，E 类人才 26389 人，高层次人才总量 3 万余人。2022 年，获评“泰山产业技能领军人才”3 名、“齐鲁首席技师”9 名、“山东省技术技能大师”6 名，新选拔产生 57 名“泉城首席技师”；拥有国家级、省级重点人才工程项目荣誉称号的技能人才 487 名，累计选拔市级领军型技能人才 1473 名，高技能人才 42. 23 万人，技能人才总量达 145. 17 万人。

表 1－2　2020—2022 年济南市高层次人才分类认定情况对比（单位：人）

年度	A 类	B 类	C 类	D 类	E 类	合计
2020 年	1	23	140	508	2197	2869
2021 年	4	36	176	707	5385	6308
2022 年	7	17	142	711	4727	5604
总量	25	127	701	2842	26389	30084

（数据根据济南市人才服务中心有关资料整理）

（四）人才集聚效应明显增强

人口是反映城市吸引力和活力、实力和竞争力的重要指标。根据国家统计局数据，在过去 10 年济南增加的 109 万人口中，大学文化程度以上人口增加了72万余人，约七成是高等教育人才。从人才流入流出看，2021年济南市流入人才总量26.36万人，流出人才总量15.3万人，各类人才净流入总量11.06万人；2022年济南市流入人才总量32.63万人，流出人才总量16.8万人，各类人才净流入总量15.83万人，人才整体呈加速流入状态。在流入人才中，全日制专科以上学历型人才占流入人才总量的74.8%[①]。2020年，济南跻身“最具人才吸引力城市100强”全国前8名，成功入选“中国十大美好生活城市”“毕业生就业首选十大城市”。《2021中国城市人才吸引力排名》显示，在“95后”人才吸引力50强城市中，济南排名全国第11位，居山东省第1位，获评“2022中国年度最佳引才城市”，入选科技部国外人才研究中心公布的2021年度“魅力中国——外国专家眼中最具吸引力的中国城市”，济南日益成为海内外广大人才创新创业的沃土。

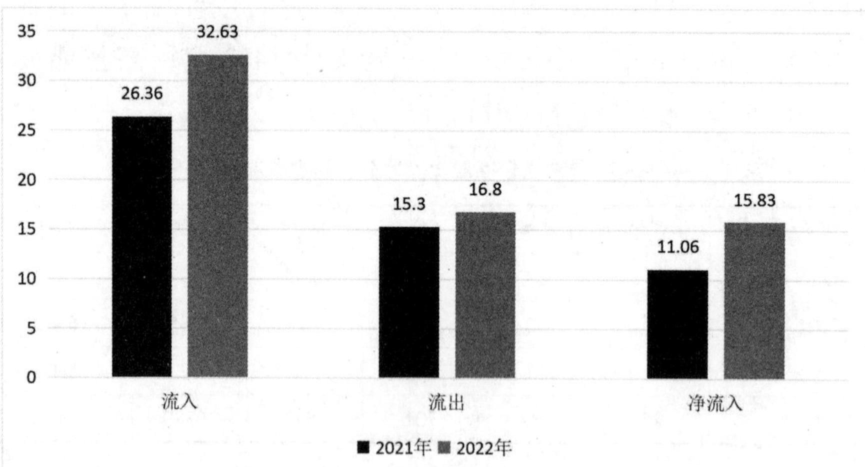

图1－7　济南市人才流动情况（单位：万人）
（数据根据济南市人才服务中心有关资料整理）

① 数据源自《济南日报》2022年12月6日。

（五）引才育才用才实效显著

大力实施“海右”系列人才工程。聚力打造“才聚泉城”人才引进品牌、“海右人才”工作品牌、“天下泉城　人来无忧”人才服务品牌。连续举办五届中国济南新旧动能国际高层次创新创业大赛，持续举办“才聚泉城”名校行活动，与国内重点高校签订合作协议，人才集聚效应持续放大。组织实施泉城“5150”引才计划、泉城产业领军人才、泉城学者、泉城高端外专等市级人才工程，集聚一大批创新创业人才及团队。在美国、英国、澳大利亚等国家和地区建立海外创新驿站和人才工作联络站，国家海外人才离岸创新创业基地总部空间，海外留学归国人员数量逐年上升。

（六）平台载体建设成果丰硕

省市共建山东产业技术研究院、山东高等技术研究院等新型研发机构超过 100 家。拥有国家重点实验室 5 家、国家工程技术研究中心 12 家、国家企业技术研究中心 30 家、国家产业创新中心 1 家；拥有省级重点实验室 112 家、省级学科实验室 79 家、省级工程技术研究中心 362 家、省级企业技术研究中心 228 家。截至 2022 年 9 月，累计建成院士工作站 118 家、专家工作站 124 家[①]。截至 2021 年 8 月，累计建成国家、省、市各类高技能人才培训基地 21 个、技能人才工作站（室）65 个、专家服务基层平台 149 家，平台载体引才聚才作用更加显著。

① 数据源自大众网 2022 年 9 月 27 日。

（七）人才服务和发展环境持续优化

优化人才服务支持、人才发展环境两个类别政策，出台人才政策“双 30 条”。落实各级各类人才待遇保障和权利，让人才安身、安心、安业。完善高层次人才精准服务体系，建成全国首个全域化、一体化、智慧化“数聚才智”平台，推动普惠性政策免申即享，发放泉城人才服务金卡，为高层次人才提供子女入学、保健医疗、出入境管理等服务事项，让人才与政策“无缝对接”。实施人才安居工程，构建“购、租、补”三位一体人才安居体系，发放人才生活和租房、购房补贴，着力为人才特别是青年人才提供优质安居服务，人才满意度大幅提升。设立双创股权投资基金，推广“人才贷”政策服务落地。实施“类海外”环境三年行动计划，推动国际化人才社区建设。不断营造尊重人才、求贤若渴的社会环境，公正平等、竞争择优的制度环境，待遇适当、保障有力的生活环境。

二、“四维驱动”赋能黄河流域人才集聚高地加速形成

坚持统筹谋划和高位推动是高效推进人才建设的重要前提。济南市紧抓三大国家战略机遇，把人才工作放在国家人才发展战略和山东“2＋N”人才集聚雁阵格局中谋划，充分发挥省会城市领头雁作用，坚持党管人才、制度创新、平台载体、生态打造“四维驱动”，加快实施重大人才工程，深化人才体制机制改革，推出一系列具有突破性、开创性的举措，厚植人才竞争政策优势，以人才高质量发展推动全市经济社会高质量发展。

（一）坚持党管人才，构建高点谋划、高位推动人才工作格局

坚持党对人才工作的全面领导，是做好人才工作的根本保证，是人才工作取得显著成效的重要法宝。党管人才，就是管宏观、管协调、管政策、管服务。济南市不断加强和改进党对人才工作的全面领导，推动人才工作创新与科技创新、体制机制创新“双轮驱动”深度融合，推动人才发展与经济社会发展深度融合，确保人才工作全力服务党和国家事业发展需要。

1. 坚持“一把手”抓第一资源。把人才工作作为党委工作重中之重，健全完善党管人才领导和运行机制，市县两级均成立由党政主要负责同志任组长的人才工作领导小组，建立议事协调、述职评议、联系专家等工作机制，推动全市各级聚焦党管人才、党爱人才、党兴人才、党聚人才。高规格召开市委人才工作会议，配套出台《关于加强和改进新时代济南人才工作的实施意见》，进一步明确当前和今后一个时期全市人才工作的具体目标、重点任务和实现路径。

2. 坚持“大机遇”协同推进。主动融入国家高水平人才高地和人才平台建设布局，成立书记、市长任双组长的创建工作领导小组，紧抓黄河重大国家战略、新旧动能转换起步区、中国（山东）自贸试验区济南片区、科创金融改革试验区等战略交汇叠加机遇，全力推进济青吸引集聚人才平台创建工作，对创建优势和特色进行项目化、清单式梳理，出台一系列具有高含金量的创新举措，全面夯实创建基础。

3. 坚持“项目化”重点突破。建立“书记领题、重点攻坚”工作机制，近3年组织各级各部门实施“依托科创城打造科创人才大

走廊”等110个党委书记抓人才工作项目，解决了载体建设、制度创新、人才激励等一批制约人才发展的难点问题。注重工作“项目化”推进，对131项重点工作、58项创新工作实行立项管理，并作为人才工作考核的重要依据，推动各项重点任务有效落实。

（二）加快制度创新，强化人才工作顶层设计

坚持深化人才工作发展体制机制改革，是做好人才工作的重要保障，是构筑人才制度优势、赢得竞争主动的战略之举。济南市始终坚持问题导向、目标导向、效果导向，以思路更新引领机制创新，构筑更加开放、更加灵活、更加高效的引才用才环境。

1. 人才政策支持创新全面强化。研究出台济南人才政策“双30条”及60个配套实施细则，聚焦人才服务保障、人才队伍建设、高校院所建设、校地合作、研发机构建设、人才生态等方面，推出更具含金量的政策措施。在一流人才队伍建设方面，着眼于增强科技竞争力和城市发展软实力，进一步优化升级了青年人才、产业人才支持政策，增加了哲学社会科学类人才政策，支持方式更加精准，政策体系更加完善。

2. 人才管理改革创新试验突破。出台《关于建设济南人才管理改革试验区的实施意见》，推动在新旧动能转换起步区和自贸试验区济南片区建设济南人才管理改革试验区，探索建立符合国际惯例、具有国际竞争力的人才发展体制机制，打造人才制度创新“试验田”。出台济南人才分类评价机制改革实施方案，先后推出海外人才快速认定、人才自主评价等20余项创新举措，超常规引进培育科技创新和产业发展急需人才。

3. 市场化引才机制创新成果丰硕。成功获批全国第20家、省内第2家国家级人力资源服务产业园，建成全国人力资本服务产业园。

创新推出以身价为基础的“人才有价”融资模式，建立全国人力资本产业公共服务平台。成立济南高层次人才发展促进会，搭建政府和高层次人才、用人单位沟通对接的桥梁纽带，广泛开展招才引智、以才引才工作。济南“人才赋能”制度改革入选“中国改革2020年度十佳案例”。

4. 人才数智赋能创新高效运作。加大人才数字化和“免申即享”推进力度，聚焦全市人才体量大、流动快、业态广的特点，建设全国首个“数据才智”人才大数据智慧中心，打通公安、社保、教育等权威数据，自动核验比对人才信息、匹配个体人才政策，实现全市人才信息“一人一码”精准识别和实时动态全览，推动“政策找人”和“无形认证”，让政策与人才“无缝衔接”，持续增强人才享受政策的获得感。

（三）筑强平台载体，全面汇聚发展新动能

坚持“筑巢引凤”，把平台载体建设作为引才聚智的重要抓手，加快打造高能级人才平台载体，集聚创新资源赋能人才发展。英国《自然》增刊《2022 自然指数——科研城市》评选的全球科研城市百强名单中，济南位列第36名，排名提升21位。

1. 中科院济南科创城崛起成势。济南深化与中国科学院合作，投资53亿元，拨付科研经费30亿元，着力打造中国科学院济南科创城等创新平台，集聚15家“中科系”院所在济建设研发机构，引进布局一批大科学装置和高能级研发平台，柔性引进院士20人、高端科技人才近2000人。电磁院、光物院、空天院等“中科系”院所推行“项目＋平台＋成果”人才引育模式，2022年新聘用600余人，其中985、211高校博士硕士毕业生超过半数。世界首个百米铁基超导线圈、深紫外全固态激光源及前沿装备等一系列“卡脖子”

技术实现重大突破，济南已成为全省科技创新的重要承载区。

2. 创新载体建强集群。加快建设量子信息国家实验室济南基地，形成以 3 个院士团队领衔、100 余名科研人才为主体的国际重要量子信息科学中心，研制了世界首颗量子微纳卫星“济南一号”，实现百公里级自由空间高精度时间频率传递。拥有 95 家院士工作站、125 家专家工作站，有效满足了企业创新发展需求。高标准构建实验室体系，开展国家重点实验室重组工作，新获批 5 家全国重点实验室，建设泉城、微生态生物医学、粒子科学与应用技术 3 家省实验室。新获批省级重点实验室 10 家，累计达 112 家，新备案市重点实验室 97 家，国家、省、市三级实验室体系初见雏形。近三年新备案省级新型研发机构 71 家，位居全省第一，共组建科研团队超过 200 个、吸纳青年科研人员 5300 人。目前，济南集聚了山东产业技术研究院、山东高等技术研究院、山东区块链研究院等 71 家新型研发机构，2022 年新吸纳青年科研人员 570 人，为攻克关键核心技术集聚了一大批科研人才团队，全市科创集聚效应正逐步显现。

3. 人才发展载体平台建设持续加强。鼓励有科研实力的单位新设博士后科研工作站，第一批 7 家申报单位成功通过全国博士后管委会办公室备案核准，第二批 8 家申报单位已上报至人社部审核，驻济省级及以上博士后科研平台达 165 家，居全省首位；新增省级博士后创新实践基地 6 家，累计达 48 家。成立全省首个乡村振兴专家服务团，新增省级乡村振兴专家服务基地 4 家，累计 19 家；新增省级专家服务基层示范项目 2 家，累计 4 家。投入 370 亿元支持建设 11 家高技能人才培训基地和 2 家特色首席技师工作站，市级及以上技能人才优质培养载体达 51 家。新增市级创业孵化基地 14 家，市级及以上创业孵化基地达到 69 家，在孵企业达 1.08 万户，带动就业 10 万人以上。济南留学人员国际孵化园孵化功能日臻完善，孵化空间持续扩大，全市各级留学人员创业园区累计吸引海外高层次人才800余人，入驻企业450多家，转化高新技术项目2000余项，申请专利1630项。

4. “双创”赛会聚才引才平台高水平搭建。连续五年成功举办新动能国际高层次人才创新创业大赛，聚焦大数据与信息技术、智能制造与高端装备、生物医药与医疗康养、先进制造与新材料、现代农业等五大产业领域需求设置参赛领域，与40多个国家和地区的60余个华人科技社团、人才协会等建立密切联系，搭建起链接海内外创新资源的桥梁。建立市直部门、区县、园区综合协调推进机制，充分调动区县引才积极性，积极举办“优秀项目供需对接会”，邀请本地创投联盟、创投基金全程参加项目评审，设立“项目管家”，为落地项目配备“一对一”服务专员，开辟服务绿色通道，提供全程保障。截至2022年底，五届大赛累计落地项目329个，引进各层次人才2180人，其中院士团队15个，实现了招才引智与产业发展同频共振、相得益彰。

5. 校（院）地融合发展落地实施。出台支持驻济高校“高水平大学”“高水平学科”建设、支持驻济高校面向产业需求举办特色学院、支持高校院所组建各类产业创新载体、支持高校与企业联合开展技术研发、支持高校院所建设科技成果转移转化平台、支持驻济高校搭建国际化人才培养平台、支持校（院）地合作引进高层次人才等16条政策措施。每年稳定投入2亿元，支持山东大学建设世界一流大学和高水平研究型大学，持续提升对驻济高校学科建设、人才引进和科技成果转化支持力度，已累计支持项目387个，支持经费3.85亿元，推动成立科研带头人工作室77个，设立科技创新基地102个，引进培养国内外高端人才和优秀创新团队177人（个）。进一步深化科教融合、产教融合，充分发挥驻济高校、科研院所在科技创新、人才引育方面的重要作用，推动驻济高校与济南高质量发展互促共进。

（四）锚定生态最优，人才支持服务体系全方位构建

人才生态是最重要的营商环境、发展环境。坚持营造识才爱才敬才用才的环境是做好人才工作的社会条件。济南市以“海纳百川”的胸怀广聚天下英才而用之，加大人才服务支持力度，下大力气打造“热带雨林式”人才发展生态，让人才在济南创有资本、居有保障、业有广成。济南近5年新增青年人才54万人，获评“‘95后’最受欢迎城市”。

1. 金融赋能人才创新创业。出台金融支持人才创新创业实施意见，推出投、贷、融等一揽子支持举措。聚焦全市重点产业，“一事一议”引进国内外顶尖人才13人，支持金额2.9亿元。深入实施“海右”系列人才工程，累计引进培育1200余个市级产业领军人才和创新团队，支持金额超过11亿元。设立“人才+资本”科创金融服务模式，累计对重点人才工程企业股权直投跟投6700万元，累计发放“人才贷”信用贷款4.9亿元。建立创业担保贷款新模式，推出阶梯式创业补贴办法，2022年发放创业担保贷款4.6亿元，落实一次性创业补贴4054.5万元。

2. 青年人才集聚效能不断提升。积极拓宽招才引才渠道，与92家重点高校签订引才合作协议，每年组织“东北站”“西北站”等16条云端引才专线，组织云端引才专场16场，在重点高校设立人才工作联络站21个，聘请33名高校师生担任招才引智大使。加强与头部人力资源企业合作，组织“才聚泉城”名校行、省会经济圈云端引才、海外留学人员专场等引才活动，高水平举办2021届济南大学生毕业典礼、山东大学校友泉城行等活动，大力引进高层次青年

人才。每年新增人才数量继续保持“10万+”快速增长。2022年全市新增博士600余人、硕士1.1万人、大学生近13万人。

3. 科研成果有效转化加速推进。依托科技金融大厦，建设济南科技成果转移转化“1+6+N”平台，挂牌科技型企业股权及高校专利成果项目518宗、33亿元，成交195宗、6.4亿元；全市技术合同项数1.04万项，技术合同交易额441亿元，位居全省第一。实施科技项目“揭榜挂帅”制，给予2000万元专项资金支持，设置“关键技术攻关类”市级榜单和“企业需求类”企业榜单，征集企业需求73项，评审纳入榜单15项，在人工智能领域发榜10个，成功揭榜9个，获批省级财政支持3800余万元，带动社会投资2亿元。组建规模62亿元的中科院科创城母基金，撬动社会资本共同参与，支持科创城创新攻坚和科技成果转移转化。

4. 人才服务环境全面优化。拿出温暖细致的贴心服务，在全国副省级城市中率先放开落户限制，设立人才编制“蓄水池”。建设济南人才大厦，设立“一站式”服务平台，推动全市人才业务“一门进、一窗办、一网通”。发放人才服务金卡3900余张，落实高层次人才绿色通道服务待遇5600余人次，设立75所人才子女“定点储备校”。新筹集租赁型房源近4万套，推动人才在济南兴业发展、乐业安居。

三、 加快建设黄河流域人才集聚高地的对策建议

党的二十大报告提出，培养造就大批德才兼备的高素质人才，是国家和民族长远发展大计。从调研情况看，济南市人才工作仍然存在一些短板弱项。一是部分市直部门和区县对人才工作重视不够，作用发挥不充分，工作发展不平衡，对部门和区县本应掌握的人才底数不清，对人才政策的执行力不强，结合工作实际服务不够贴心

到位。二是战略科技人才队伍力量还不够强。全市顶尖人才、领军人才还较为缺乏，比如，住济两院院士仅有 13 人，远少于南京、武汉。三是重点产业领域人才较为短缺。普惠性人才政策惠及重点产业领域人才相对较少，比如，享受人才政策的回国留学生中，智能制造和高端装备、生物医药等重点领域的急需人才不足 40%。四是人才工作市场化程度还不够高。用人单位招才引智主体作用发挥不充分，引才积极性尚未充分调动起来。市场化投资基金数量少、创投风投不够活跃。下一步，济南市要继续深入贯彻落实党的二十大精神，认真贯彻落实习近平总书记关于做好新时代人才工作的重要思想，按照济南市第十二次党代会提出的“勇当排头兵、建设强省会”目标要求，把人才发展工作摆在更重要的位置，深度融入服务黄河重大国家战略和强省会战略，大力实施人才强市战略，坚持党管人才原则，坚持全球视野、世界标准，深化人才发展体制机制改革，持续完善政策体系，加大投入保障，加强人才发展平台建设，持续优化人才发展生态，充分激发各类人才创新活力，全力打造黄河流域人才集聚新高地，为加快建设“强新优富美高”新时代社会主义现代化强省会提供更加坚强有力的人才智力支撑。

（一）强化党对人才工作的全面领导

党的二十大报告指出，坚持中国共产党领导是中国式现代化的本质要求。坚持党管人才是做好新时代人才工作的根本原则。党管人才并不是包办人才工作的一切事项，而是遵循人才成长规律，坚持牵头不包办、抓总不包揽、统筹不代替，不断探索改进工作方式方法。

1. 强化人才工作的政治引领。以党的全面领导把准人才工作战略大局、方向定位，把党的政治优势、组织优势转化为人才发展优势，牢固树立强烈的人才意识，始终真心爱才、悉心育才、倾心引才、精心用才，求贤若渴，不拘一格，鼓励人才爱国报国、担当使命，增强各类人才的政治认同和向心力，让人才在合适的岗位上尽显其能，把各方面优秀人才集聚到党和人民事业中来。

2. 完善党管人才工作格局。创新党管人才领导体制和工作机制，健全完善党委管宏观、管政策、管协调、管服务机制，以党的坚强领导推进人才强省会建设。建立健全科学决策、分工协作、沟通交流、督促落实机制，充分调动职能部门、企事业单位和社会力量做好人才工作的积极性，形成党委统一领导，组织部门牵头抓总，有关部门各司其职、密切配合，社会力量广泛参与的人才工作机制。将市直部门和区县的人才工作纳入全市高质量发展综合绩效考核指标体系，督促其全面履职、创造性开展工作，建立健全全面履职、全面尽责、失职追责的工作机制。

3. 推进党管人才法治化。提高运用法治思维和法治方式破解人才发展难题、推动人才工作改革发展能力，通过出台地方性法规条例、制定政策、完善制度、改进服务等手段，强化按法律、按政策、按程序办事的意识和能力。

（二）高标准建设创新创业平台

创新是引领发展的第一动力。深入实施创新驱动战略和强省会战略，要着力打造一批集聚一流创新团队、吸引高层次人才的一流创新平台，为人才施展才华、发挥作用提供舞台。

1. 加快建设高能级科技创新平台。加快齐鲁科创大走廊、新旧动能转换起步区、中科院济南科创城、国际医学科学中心等重大载体建设，打造“一廊一区一城一中心”科技创新发展格局。加快建设综合性国家科学中心，布局建设国家重大科技设施。加大与中科院等“国字号”大院大所合作力度，建设“中科系”创新平台，努力打造具有全国影响力的科技创新高地和新兴产业策源地，夯实综合性国家科学中心的载体支撑。

2. 建设产学研协同创新和成果转化平台。充分利用国内外创新资源，加强与国内外知名高校、科研院所、企业的深层次合作，新建一批新型研发机构或科技成果转移转化机构；联合高校院所和龙头企业，组建一批技术创新中心、企业技术中心、工程研究中心（工程实验室）、技术转移中心、孵化基地、加速器及产学研合作基地等。完善科技成果转化平台，集聚高水平科技服务机构，提供成果转移、技术交易等一站式服务。

3. 建设创新创业孵化平台。提升双创平台载体聚才作用，激发创新创业活力。推进济南离岸基地建设，完善提升“海投基金 + 海外创新驿站 + 总部空间（合作空间） + 基地联盟”四位一体工作体系，提高海外优质科技成果落地率。做大做强济南留学人员国际企业孵化园、济南留学人员创业园，集聚留学归国人员创新创业。高标准建设国家级人力资源服务产业园，构建人力资源与实体经济、科技创新、现代金融协同发展的产业体系。依托重点园区载体，加快引进集聚创新创业项目。大力发展网上创新工场、虚拟创新社区和数智工坊等新型孵化器，推动双创载体服务提档升级。

（三）全方位引进培养优秀人才

人才是强市之基和竞争之本。坚持聚天下英才而用之，是做好人才工作的基本要求。坚持人才引领发展战略，深入实施“海右”系列人才工程，引进产业领军顶尖人才、青年人才、专业技术人才，下大力气全方位引进、培养、用好人才，努力扩大人才增量，做优人才存量，提升人才质量。

1. 大力引进战略科技人才和产业领军人才。战略科技人才和产业领军人才是引领济南产业发展的顶尖力量，是人才工作的重中之重。要以全球视野、超常规措施，精准引进一批济南市重点产业急需、掌握“卡脖子”技术或对科技创新有重大带动作用的国内外战略科学家、顶尖人才。围绕战略性新兴产业重点领域和关键技术，加快引进培养集聚各类科技研发人才，推动战略性新兴产业做大做强。瞄准未来科技和产业发展制高点，加快引进前沿领域科技创新人才，培育战略新兴产业，加快建设未来产业先导区。

2. 倾力打造重点产业人才队伍。坚持人才跟着重点产业走，根据产业发展和人才需求，制定出台引导倾斜政策。聚焦大数据和新一代信息技术、智能制造和高端装备、精品钢与先进材料、生物医药与大健康等支柱产业领域，引进高端研发人才、专业技术人才和高级技术应用人才。聚焦高端装备制造、电子技术、人工智能等产业领域，打造一支技术精湛、本领过硬的创新型、应用型技能人才队伍。深化产教融合，深入实施高技能人才发展计划，依托职业院校，建设一批高技能人才培训基地，全面提升劳动者职业技能水平和就业创业能力。激励更多劳动者特别是青年一代走技能成才之路，培育更多高素质技术技能人才、能工巧匠、大国工匠。

3. 全力扩大青年人才总量。城市竞争归根结底是青年人才总量的竞争，赢得青年，就能赢得城市未来。要瞄准青年需求，把握青年心态，深入了解青年人才所思所想所忧所盼，真正把政策重心和工作着力点放在青年人才的引进、培养、使用、服务上，给予青年人才更多的信任、更好的帮助、更有力的支持，造就规模宏大的青年人才队伍。要加强青年友好型城市建设，健全完善支持青年人才成长的梯次引进培养工作机制，实施海归英才汇聚计划、博士后集聚计划、百万大学生和技能人才留济计划，组织开展“才聚泉城”

招聘活动，吸引各类优秀青年人才来济就业创业。

4. 培育壮大省会人才队伍。要有博大胸怀，聚天下英才而用之，全力为中央驻鲁、省属和其他驻济机关企事业单位、新型社会组织、新型经济组织和自由创新创业人才服务。聚焦强省会人才需求，引进培养集聚各类高素质高水平人才队伍。围绕提升省会科技创新核心竞争力，持续加大对创新创业人才的引进培养力度，激发全社会创新创业活力。大力弘扬企业家精神，打造爱国诚信、勇于创新、具有社会责任感的优秀企业家队伍，培育一批具有国际视野和现代经营理念的“泉城名商”。聚焦乡村振兴战略，加大乡村实用人才培养力度，培养一大批技术过硬、本领到家的高素质新型农民和农业科技人才。健全教师队伍梯次培育体系，打造高素质、专业化、创新型教师队伍和“泉城名师”。加快建立与现代疾病防控体系相适应的卫生人才培养使用机制，重点培养现代化疾病预防、病毒溯源、疫情监控分析等公共卫生领域人才和“泉城名医”。加强专业型、急需紧缺型干部培养引进，打造支撑现代化强省会建设的高素质干部队伍。加大社工人才培养力度，着力打造专业化、高素质社工队伍。围绕“文化济南”建设，加快培养高层次宣传思想文化人才，重点引进哲学社会科学紧缺人才，加大财政投入，实施哲学社会科学创新工程，加快培养政治过硬、业务精通、作风严实的宣传思想文化人才队伍。

（四）深化重点领域人才发展体制机制改革

体制机制是影响人才集聚和作用发挥的根本性问题。坚持以“放权、松绑”为重点，破除束缚人才发展体制机制障碍，实行更加积极、更加开放、更加灵活的人才政策，构建具有国际竞争力的引才用才留才机制，充分释放人才发展活力。

1. *以人才管理改革试验区为试点加快制度创新*。依托济南新旧动能转换起步区和山东自由贸易试验区济南片区，加快建设济南人才管理改革试验区，探索建立先行先试的创新机制、多元赋能的兴才机制、灵活高效的励才机制、容错免责的保障机制，推动在人才引进培育、科技成果转化、人才评价改革等方面先行先试，尽快形成可复制、可推广的制度创新成果，构筑更加开放、更加领先、更加国际化的人才生态，打造人才引领发展示范先行区。

2. *深化人才评价体系改革*。坚持为人才“松绑”，充分发挥人才评价的指挥棒作用，探索高层次人才分类认定改革，建立以业绩、薪酬和科技成果为导向的人才认定机制，探索推行专家举荐、行业推荐和企业自评等人才认定模式。建立以创新价值、能力和贡献为导向的职称评审制度，完善职业技能等级制度，不断畅通人才晋升渠道。完善企业董事长、实际控制人（或研发团队技术带头人）举荐制，全面推行企业技能人才自主评价和市场化评价，促进评用结合、职业技能与专业技术评价互通。

3. *完善人才激励机制*。构建充分体现知识技术等创新要素价值的收益分配制度，健全科研人员职务发明成果收益分享机制，畅通技术创富、技术造富路径。支持高校、科研院所面向高层次人才实行协议工资制、项目工资制，真正让人才享有与其价值相适应的待遇。遵循人才成长规律和科研规律，进一步深化科研项目管理改革，优化科研经费管理办法，真正让科研人员把主要精力放在科研上。

（五）打造人才发展最优生态环境

优质的人才生态是吸引人才、用好人才、留住人才的根本保障。坚持以环境吸引人才，以事业集聚人才，以待遇留住人才，持续优化人才发展生态环境，为人才营造舒心生活、顺心工作、安心发展的良好生态，逐步形成引才聚才的“强磁场”，让更多人才向往、融入、扎根泉城。

1. 健全人才服务体系。建立人才工作部门协同机制，实施跨部门流程再造，提高业务办理数智化水平，实现人才业务“一门进、一窗办、一网通”。全面升级高层次人才精准服务体系，完善绿色通道服务动态调整机制、金卡合伙人机制，拓宽绿色通道和市场化服务领域，打造网上“高层次人才之家”，为人才提供更多人性化、个性化服务。大力推进流动人员人事档案数字化进程，推动“数据向上集中，服务向下延伸”，实现档案接收和转递“跨省通办”。完善“购、租、补”人才安居体系，筹建保障性租赁住房、产权型人才住房，加快布局建设国际化人才社区，提升人才社区国际化水平。

2. 完善双创金融服务体系。围绕人才创业、孵化、加速、产业化等全周期，健全人才金融支持服务体系。支持金融机构推出“人才投”“人才保”等多元金融产品，加大“人才贷”支持。支持政府投资基金投向双创企业，鼓励行业企业、产业人才、金融机构等多元主体参与共建产业创投风投基金，拓宽产业人才创业投资渠道。

3. 推动人才工作市场化发展。建立市场化人才服务机制，推动人才服务逐步由政府主导向市场主导转变。积极引入市场主体，为各类人才创新创业提供一揽子服务。充分发挥市场在资源配置中的决定性作用，更好发挥政府作用，做强做大人力资源服务产业，拓宽招才引智渠道，提升人才工作市场化水平。加大人才工作宣传力度，扩大政策知晓率和覆盖面，让“海右”人才工作品牌和“天下泉城　人来无忧”服务品牌名闻天下、享誉全球。

第二章　人才政策研究

人才资源是经济社会发展的第一资源，人才兴则省会兴，人才强则省会强。近年来，济南市深入学习贯彻习近平总书记关于做好新时代人才工作的重要思想，紧紧抓住山东构建具有山东特色的“2+N”人才发展雁阵格局、济青联合争创国家级吸引和集聚人才平台的战略机遇，大力实施人才强市战略，持续完善政策体系，加大投入保障，全市人才队伍规模不断壮大，人才结构持续优化，为“强新优富美高”新时代社会主义现代化强省会建设提供了有力支撑。

一、济南人才政策“双30条”的创新路径

（一）高层推动是人才政策创新的关键

济南市委、市政府高度重视人才工作，把推动人才发展作为“勇当排头兵、建设强省会”的重要抓手，摆在重要位置，全力打造黄河流域人才集聚高地。市委主要领导多次作出指示要求，谋划推进人才政策优化提升工作，要求全面梳理济南市现行人才政策，做好整合优化，进一步明确人才政策分类、支持标准，推进政策“免审即享”，打响人才品牌。

（二）部门协同、科学论证是人才政策出台的重要保证

按照市委工作安排，市委改革办、市委组织部组成工作专班，对“人才新政30条”“双创19条”“新高校20条”3个综合性文件和分散在各领域的共93项现行人才政策进行全面梳理，分析评估政策实施和财政资金使用情况，对标借鉴杭州、成都、西安等8个先进城市人才政策，结合济南实际，拉长板、补短板，研究制定济南人才政策清单，并反复征求市领导、各区县（功能区）、省市有关部门、高校院所、重点企业以及人才代表的意见建议，先后数次召开会议专题研究，六易其稿，形成了《济南市人才服务支持政策（30条）》《济南市人才发展环境政策（30条）》（以下简称人才政策“双30条”）。2022年6月29日，济南市委召开人才工作会议，对推动新时代人才工作高质量发展进行了全面部署。

（三）济南人才政策“双30条”把握的原则

1. 坚持科学分类。按照与人才直接相关和间接相关，将完善提升后的人才政策，分为人才服务支持、人才发展环境2个类别，形成“双30条”政策清单，解决了人才政策“散”的问题，既紧扣市党代会确定的“六个现代化强省会”目标实现，又聚焦十大重点任务落实，政策指向更加清晰。

2. 坚持继承创新。既对现有人才政策进行归纳汇总，也对政策体系进行补充完善、创新提升。如，充实了顶尖人才政策，强化了产业发展急需人才政策，增加了哲学社会科学类人才政策，既保障了“科创济南”对基础性人才和高端人才的需求，又考虑到了提升济南城市软实力的人才需要，使政策体系更加完善。

3. 坚持品牌引领。“海右此亭古，济南名士多”广为传诵，将

人才按层次分别冠以顶尖人才、领军人才、专业人才、青年人才，既凸显了广聚天下英才的气魄，又宣传、提升了济南影响力。

4. 坚持便捷高效。对各类人才政策表述进行了统一规范，特别是对资金支持标准进行了细化，使政策“一目了然”、方便兑现。

5. 坚持数字赋能。强调建立健全人才数据库，收集各类人才信息，汇集人才政策，推进人才与政策自动匹配，推动普惠性政策“免申即享”。

6. 坚持动态优化。探索建立常态化人才政策评估调整机制，每年对人才政策执行效果进行科学客观评估，根据评估结果及时对人才政策调整优化、更新发布，确保人才政策的先进性和适用性。

（四）人才政策“双30条”主要内容

1.《济南市人才服务支持政策（30条）》

主要分为4大部分。

（1）人才分类目录。按照人才能力水平和业绩贡献，分为国内外顶尖人才（A）、国家级领军人才（B）、省级领军人才（C）、市级领军人才（D）、优秀专业人才（E）五类，分别对应不同的待遇保障和各类服务，推动人才服务更加精准、优质、高效。

（2）人才待遇保障。聚焦人才所急所需，主要包括服务“金卡”、住房保障、子女入学、配偶随迁安置、医疗保健、交通出行、出入境服务、编制保障等8条服务措施，切实解决人才的后顾之忧，让广大人才在济南安心工作、顺心生活。

（3）人才重点工程。分为顶尖人才、领军人才、专业人才、青年人才四大类，每一类下面又做了细分，共计19条，对不同类别的人才分别给予相应的政策支持，做到定位清晰、层次分明、覆盖不同领域和各发展阶段。

（4）人才政策落实。提出建立健全人才数据库、提高便捷服务水平、建立常态化政策评估调整机制等措施，切实提升人才获得感、幸福感。

2.《济南市人才发展环境政策（30 条）》

主要分为 3 大部分。

（1）加强人才平台载体建设。主要包括支持院士专家工作站、外国专家工作室、人才工作联络站、海外创新驿站、技能人才培训基地、科技企业孵化器、海外科技企业研发机构、人力资源人力资本产业平台建设等 8 条政策措施，通过多种政策支持，进一步发挥平台载体对人才、项目、技术的吸引集聚作用。

（2）推动校（院）地合作融合发展。主要包括支持驻济高校“高水平大学”和“高水平学科”建设、支持驻济高校面向产业需求举办特色学院、支持高校院所组建各类产业创新载体、支持高校与企业联合开展技术研发、支持高校院所建设科技成果转移转化平台、支持驻济高校搭建国际化人才培养平台、支持校（院）地合作引进高层次人才等 16 条政策措施，进一步深化科教融合、产教融合，充分发挥驻济高校、科研院所在科技创新、人才引育方面的重要作用。

（3）优化人才发展生态。主要包括支持用人单位更好发挥引才主体作用、鼓励社会力量引才留才、加快技术市场发展、发放中小微企业创新券、加大金融支持力度、打造高品质“类海外”人才环境等 6 项政策措施，着力营造良好的人才发展环境，充分激发人才创新创业创造活力。

二、济南人才政策“四大机制”

济南市紧紧围绕党的二十大提出的人才引领驱动、人才强国战略，立足建设黄河流域人才集聚高地，主动适应新发展阶段，贯彻新发展理念，融入新发展格局，准确把握人才和创新发展趋势，以更大力度吸引人才、留住人才、用好人才，不断增强省会高质量发展新优势。

（一）创新人才引用机制

建立更具竞争优势的引才用才机制，争取国家、省支持以清单式批量申请授权方式，在人才管理改革、人才要素流动、人才公共服务等领域进行改革试验。争取国家、省级重大管理改革举措和创新政策优先在依托新旧动能转换起步区和自由贸易试验区济南片区建立的人才管理改革试验区开展试点。采取开放创新、突破常规、灵活包容的引才方式，加快实施“海右”系列人才工程，集聚顶尖人才、领军人才、专业人才、青年人才。抢抓海外引才窗口期，拓宽引才渠道方式手段，在国内主要城市、国际先进国家和地区广泛建立人才联络站，招募城市合伙人，建设重点产业全球高层次人才大数据库，提高人才招募引进精准度。扩大用人单位主体自主权，聚焦重点产业领域与重大基础领域，支持事业单位不受岗位等级、结构比例限制，特设岗位引进急需高层次人才，可使用空编及泉城“人才驿站”周转编制办理入编手续；允许开展高层次人才引进和职称评审管理改革试点，在编制、职称、岗位、博士后进站设站等方面给予支持。激发企业自主引才积极性，针对重点企业用人需求，建立企业推荐、政府支持的引才模式，推动产业发展与人才招引同步谋划、同步推进。探索建立赋予企业政策制定参与权机制，发挥企业引才主体作用，促进人才引进政策按需定制，精准支持企业发展。完善重大产业技术攻关机制，聚焦重大公共关键技术和“卡脖子”技术领域，实行“揭榜挂帅制”和“赛马制”，集聚海内外高层次人才揭榜攻关。建立引才长效评估跟踪机制，对人才创新项目、创业项目进行动态评价，建立符合人才成长规律的人才梯次培养机制，畅通高层次人才成长通道。坚持优胜劣汰、有进有出，实现人才项目管理良性循环，完善产学研用协同育人模式，结合全市产业人才需求，积极推动有条件的本科院校和独立学院向应用型发展转变，提升高校毕业生就业和产业的适配度。推行“教授编制在高校，创新创业在区内”的产学研一体化用才育才模式。

（二）改革人才评价机制

完善人才评价制度改革，加快建立以创新价值、能力、贡献为导向的人才评价体系。突出人才评价标准的市场导向，健全以品德涵养、创新能力、质量、实绩贡献等为主要内容的人才评价标准。创新评价方式，突出同行评价、业内评价，发挥市场、社会等多元主体作用，科学引入用户、市场和专家等相关第三方评价。针对产业发展急需、社会贡献较大、现行人才标准难以界定的“偏才”“专才”可实行“一事一议”。进一步下放职业资格评审权，推动用人主体开展专业技术和技能人才自主评价。鼓励国有企业大胆创新，探索适合本企业的人才评价方式和手段途径，满足新型农民、新兴职业等社会化人才的职称评定需求，进一步扩大智库、民营企业等非公经济组织职称评审绿色通道。淡化高技能人才职称评审的学历要求，打通高技能人才与专业技术人才职业发展通道，推进职称与职业资格、职业技能等级有效衔接。完善人才评价服务，遴选社会评价组织开展职称评审和职业技能等级认定。支持人才分类认定改革试点建立“区内认定、企业自评、专家推荐、行业推荐”的多元化人才评价制度，推动人才评价“回归企业”“回归市场”。推行国际人才职业资格认定。加强人才评审专家管理，建设评审专家数据库，完善评审责任和信誉制度。建立健全人才动态评价及结果应用体系，完善人才奖励政策性退出和失信惩戒等政策机制。

（三）完善人才激励机制

构建充分体现知识、技术等创新要素价值的收益分配制度，全面深化科技成果处置权、收益权、使用权“三权下放”，健全科研人员职务发明成果收益分享机制。支持高校、科研院所面向高层次人才实行协议工资制、项目工资制，提高人才待遇的市场竞争力。支持科研事业单位探索试行更灵活的薪酬制度，稳定并强化从事基础性、前沿性、公益性研究的科研人员队伍。鼓励具备条件的科研型事业单位向新型研发机构转型，允许其设立混合所有制企业，并将收入分配向高层次、高技能人才倾斜，鼓励企业建立高技能人才岗位津贴、带徒津贴、技能人才技术等级补贴等制度，对关键核心人才实行股权、分红权激励等中长期激励措施。持续完善科研人员股权奖励个人所得税递延缴纳政策，探索对科技成果转化收益按照偶然所得征收个税。完善人才奖励、人才荣誉制度，对在经济社会发展中实现重大科研突破、重要科技成果转化、重点产业发展培育，在社会事业领域贡献突出的各类人才给予表彰。对在济南人才管理改革试验区内工作的高层次人才和海外人才按照经济贡献进行奖励补偿。赋予科研机构更大收入分配自主权，允许高校、科研院所等事业单位及国有企业的科技人员按规定兼职兼薪、按劳取酬。支持市属国有企业采取超额利润提成、项目跟踪、虚拟股权、分红激励等方式，对核心科研人员、重要技术人员和经营管理骨干等实施股权、分红等有效激励。

（四）优化人才保障机制

破除人才流动障碍，创造人才流动的有利条件，畅通党政机关、企事业单位、社会各方面人才流动渠道，促进人才顺畅流动。用好用活人才编制“蓄水池”，保留来济创新创业高层次人才事业编身份，提供人事档案管理、档案工资晋升、职称评审等服务。落实省派科技副职工作，积极搭建科技创新、招商引资和招才引智等平台，为地方发展集聚人才智力优势。组建专业人才智库，积极参与政府决策。建立多元赋能的兴才机制，加快布局建设国家产业创新、技术创新、制造业创新中心等重大创新平台。发挥济南人才管理改革试验区辐射带动作用，打造人才“飞地”，支持市域外企业在区内设立研发机构并享受相关政策。加快推动科技成果转化转移载体建设，建设领军人才产业孵化园、国际离岸创业创新园、虚拟大学创新产业园。加大对创新平台基础设施建设、实验设备购置、双创孵化、重点科创项目建设支持力度。支持企事业单位人才双向流动，支持高校和科研院所等事业单位通过双向挂职、短期工作、项目合作等方式，引导科研人员流向企业一线，鼓励高校和科研院所设立一定比例的流动岗位，吸引有创新实践经验的企业家和技术骨干兼职。灵活运用双向兼职、联合聘用、技术入股、退休返聘等形式，开展基层一线柔性引才用才等试点工作。建立容错免责保障机制，出台人才工作宽容免责相关政策，宽容人才工作者在人才体制机制改革创新中的失误、错误，激励人才工作者担当作为、敢闯敢拼。围绕人才工程申报、政策兑现、职称评审等关键环节，制定人才工作容错纠错负面清单，明确容错事项及纠错措施，实行清单动态化管理。完善人才工作容错纠错程序，形成“容错申请、调查启动、调查核实、组织认定”全链式工作流程，畅通容错免责渠道。坚持正向激励导向，对经认定予以容错免责的人才工作者，免于追究相关责任，不做负面评价。

三、人才政策“双30条”实施成效

（一）人才体制机制改革创新成效显著

济南人才政策“双30条”及配套政策的实施，让人才便捷高效地享受了政策红利。济南人才管理改革试验区建设加速推进，出台了海外人才快速认定、人才自主评价、全生命周期服务等细则并予以实施；新引进海外知名高校博士10人；23名E类人才已通过区内自主认定，直接纳入市级备案。成立由书记、市长任双组长的创建领导小组，成立工作专班，推动国家级人才平台创建加快推进。

（二）引才聚才力度持续加大

1. *海右人才重点工程加速推进*。人才工程进一步优化整合，创新打造海右人才计划，启动新一批产业领军人才工程遴选，顶尖人才和产业领军人才加快引育，全省唯一国际顶尖科学家工作室建设进展顺利，新入选国家级人才计划60人、泰山系列人才工程49人，均创历史新高。抢抓机遇引进海外人才，举办了第五届高层次人才创新创业大赛，吸引40余个国家3994个项目报名参赛，已落地项目121个，引进博士以上高层次人才192人。开展留学人员来济创业支持及留学费用补贴工作，为467名来济就业留学人员发放留学费用补贴821万元。

2. *青年人才总量集聚显著*。截至2022年9月，开启云端引才、“直播带岗”线上引才模式，接收简历近13.9万份；45岁以下人才流入22.3万人，占流入总量的87.6%；全日制专科以上人才流入

19.04 万人，占流入总量的 74.8%。创新引才方式，组织“才聚泉城高校行”巡讲活动，在重点高校设立人才工作联络站，累计与 98 所高校建立了战略合作关系，聘请高校师生担任招才引智大使；与教育部留学服务中心签署合作协议，建立海外留学人才信息库。聚焦“高精尖缺”人才，广泛征集人才需求，编制 2022 年济南市重点产业发展人才需求目录，发布《2022 年济南市重点产业人才需求分析报告》。济南市有关招才引智的做法，央视《朝闻天下》、山东卫视《山东新闻联播》均做了专题报道。

（三）高能级人才平台载体加快打造

中科院济南科创城和实验室体系建设成效明显。截至 2022 年 11 月，引进 15 家“中科系”院所，落地电磁驱动等一批大科学装置，集聚高层次人才近 2000 人。规模 62 亿元的“齐鲁科学城”科创母基金完成签约；加快建设实验室体系，推进量子信息科学国家实验室济南基地建设，3 家省实验室组建高层次专家领衔的科研团队 70 余个，启动科研项目 150 余个；新认定 5 家省重点实验室，总数 107 家，新建市重点实验室 97 家；新备案省级新型研发机构 14 家，总数 71 家，居全省第一；新认定院士工作站 6 家、专家工作站 24 家，开展市级以上重大科技项目 256 项。

（四）人才政策待遇落实严格

截至 2022 年底，高层次人才生活和租房补贴、博士后生活和住房补贴等 7 项补贴实现常态化申报审核，共为 18820 人发放高层次人才生活和租房补贴 23325.6 万元，为 441 人发放博士后生活和住房补贴 2599.35 万元（市级资金），为 216 人发放博士后留济补贴共 2577.5 万元（市级资金），做到了优惠政策支持“应享尽享”。组织开展2022年度院士经费申报工作，获得省财政拨付科研活动经费共计245万元，省政府奖励生活津贴共计151万元。6家留学人员初创企业获得资助200万元，1314名留学人员获得留学费用补贴2216.2万元。

出台《关于加快推进新时代人力资源和人力资本服务业高质量发展的实施意见》，首次发布《山东省人力资本报告2022》，加快人力资本建设，推进人力资本产业发展，创新"身价贷"人才金融服务模式。按照"人才有价"理念，构建了以人才价值（身价）为导向的银行授信、保险担保、基金支持、政府补偿、配套参与的多维协同金融创新服务模式，推出以人才价值为依据的"身价"授信和"身价贷"服务，支持人才发展。截至2022年11月30日，"身价"授信57733万元，"身价贷"45983万元，服务用户4214家。该模式列入了人民银行、发改委、科技部、工信部、人社部、卫健委等六部委"金融科技应用试点"项目，获得人民银行"金融科技发展奖"，纳入了《山东省济南市建设科创金融改革试验区总体方案》。

（五）人才数智化平台建设更加完善

推进"数聚才智"平台建设。依托济南人才网和市人才服务信息平台，整合人才信息资源，搭建人才资源信息、人才业务办理、公共服务和人才工程管理四大平台，基本实现全程网办，博士后生活和住房补贴等实现"无感智办""免审即享"。

1. 升级人才大数据功能。建设人才数据平台、人才知识图谱数据体系、人才数据安全管控系统，升级数据看板和人才地图。优化升级业务系统，全面提升人才业务申报服务支撑能力。建设应用身份服务系统和人才数据安全管控系统，实现了不同人才服务业务系统的单点登录和统一身份认证，实时监控用户数据库、数据动态流量、存储系统运行状态。

2. 升级智能统计分析功能。开发数据治理配置、接口配置、数据治理三个功能模块，实现汇聚数据资源自动化治理。建立智慧化元数据标签管理系统，实现人才分析业务数据自动生成。开发人才数据智能统计分析模块，实现青年人才考核、人才数据信息季报、年度人才数据分析报告等人才分析业务数据的自动生成。

3. 创新智慧服务模式。建设“一网通办”服务驿站，29 项人才申报服务事项可视化配置。开发全新“一网通办”个人和单位服务中心，申报进度、申报结果一键查询。搭建人才价值指数评估系统，人才属性标签扩展至 10 大类 181 个。推进“人才码”建设，高层次人才租房和生活补贴、人才交通卡、硕博类人才分类认定实现了“免申即享”。

4. 摸清全市专业技术人才“家底”。在全省率先完成 27 个职称系列、54 类职业资格、52 万专业技术人才、14 万高技能人才学时数据对接，实现继续教育学时跨层级、跨地域、跨部门共享开放。初步建成网络化、数字化、全员化、终身化继续教育体系，强化数字经济时代专业技术人才培养，全年培训专业技术人员 305423 人，涵盖工程、经济、中小学教师、卫生等系列。

（六）着力打造最优人才发展生态

1. 强化人才精准服务。拓展绿色通道服务，引入齐鲁医院、省立医院等省级优质医疗资源服务，为 135 名 B 类以上人才配备家庭医生，绿色通道具体服务事项超过 2000 项。在济南市企业服务中心设立“高层次人才服务专窗”，1890 项审批事项“一站式”全程帮办、代办。提升人才金卡服务层级，新配发人才服务金卡 878 张，落实绿色通道服务 3101 人次。首创人才金卡定制服务，面向济南人才管理改革试验区D类以上人才发放人才服务金卡附属卡123张，人才配偶及未成年子女可享受2项绿色通道。用活市场服务资源，“泉城人才服务金卡”合伙人达36家，开展高层次人才服务专场活动4场，人才专属市场化服务涵盖18个服务领域157项。积极推进省会经济圈人才服务一体化，稳步推进省会经济圈7市人才卡互认互通工作，开展省会经济圈内高层次人才服务调研，就人才层次标准、服务模式、服务项目和信息化平台建设等达成共识，签署合作协议。完善提升流动人员人事档案服务，完善流动人员人事档案“跨省通办”基础数据库信息，核验比对各区县数据，核验补录档案信息5.1万条，办理流动人员人事档案业务1.6万件。建立海右“人才驿站”高层次人才周转编制池，为高层次人才引育提供编制周转保障。高中毕业出国（境）及国内联合办学留学人员档案服务向基层延伸，灵活就业人员社保代缴业务全部移交社区管理。

2. 大力实施人才安居工程，推进“类海外”环境建设。健全完善“以租为主、租购并举”的人才安居保障体系，2022年累计发放博士后生活和留济补贴5171万元、硕博士租房和购房补贴2.6亿元，为25581名人才发放泉城人才交通卡。推进“类海外”环境建设，在中央商务区和高新区加快国际人才街区建设，布点打造15个涉外服务港，不断提升海外人才吸引力。

第三章　区县人才工作情况

一、 区县人才工作发展概况

致天下之治者在人才。近年来，济南市大力实施人才引领发展战略，市委、市政府积极支持引导各区县，全面贯彻落实更加灵活开放的人才政策，构建全方位、多层次、宽领域的人才精准服务体系，各区县充分发挥自身特色优势，各项人才指标优化提升，人才工作呈现出新面貌。

从人才资源总量和人才层次结构上看，济南市各区县人才资源总量较为丰富，主要表现为主城区高层次人才集聚效应初显。其中，历下区人才资源总量高达 59. 4 万人，占全市 22. 54%，高新区人才资源总量 33. 6 万人，历城区累计认定 C 类及以上人才 193 人，市中区累计认定 C 类及以上人才 98 人。从人才学历和年龄上看，拥有本科学历、年龄在 31 岁至 40 岁之间的人才数量在各区县人才资源总量中占比最大。从人才分类上看，近郊区县技能型人才资源丰富。其中，济阳区技能型人才占人才资源总量达 51. 6%，高新区、历下区、槐荫区等主城区专业技术型人才资源较为密集。

二、 区县人才工作实践进展

（一） 创新优化政策，党管人才格局不断完善

1. 聚力改革创新，不断健全人才工作机制。坚持“党管人才”原则，强化组织领导，夯实人才工作组织保障。济阳区加大党管人才力度，充分发挥党委在人才工作中的领导核心作用，深化组织部门牵头抓总职能，增强人才工作力量；印发《关于公布中共济南市济阳区委人才工作领导小组组成人员的通知》，将区委人才工作领导小组成员单位充实为28个，新增司法局、城乡交通运输局等8个成员单位，构建起区委统一领导、人才办牵头抓总、成员单位各司其职、社会力量广泛参与的工作格局；细化成员单位责任分工，在全市区县中率先修订领导小组工作规则、成员单位职责，进一步增强工作规范性。平阴县人才工作运行体系取得新突破，成立县委人才工作领导小组，建立健全议事决策、任务分解、协调落实、督办推动、评估考核、结果运用六项工作机制，着力构建县委统一领导、组织部门牵头抓总、有关部门各司其职密切配合、用人单位发挥主体作用、社会力量广泛参与的人才工作新格局；在全市率先成立了县人才事业发展中心，由县委直属、组织部代管，重点开展人才引进、培养和管理工作，并协助组织部门做好人才政策调研、人才资源统计、人才信息库建设、人才联系服务、人才工作宣传推广等业务性工作。市中区聚焦体制机制改革，构建“务实有效”政策体系，建立党管人才工作机制；成立区委人才工作领导小组，完善人才工作议事机制，出台《人才工作领导小组工作规则》等5个制度性文件，不断完善领导小组成员单位人才工作职责清单，压实“一把手”抓“第一资源”责任。长清区制定出台《区委人才工作领导小组办

公室联席会议工作规则》，建立人才工作周调研制度，配齐配强人才工作力量，工信、人社等重点成员单位、各街镇配备专职人员，全区建成43人的人才工作专员队伍，人才工作有序推进。

2. 强化政策支撑，全力打造人才服务高地。坚持人才政策精准导向，强化政策支撑，构建系统完备的人才政策体系。莱芜区相继出台了《关于支持人才创新创业引领新旧动能转换的若干政策》《关于加强和改进新时代莱芜人才工作的实施意见》《莱芜区人才服务支持政策（30条）》《莱芜区人才发展环境政策（30条）》等多个政策文件，逐步完善人才政策体系。钢城区出台《关于鼓励扶持工业企业高质量发展的六条意见》，在人才工程配套支持、鼓励重点企业引才、鼓励社会化力量引才、青年人才补贴、人才平台扶持、人才居住补贴等方面均达到全市最优政策水平。高新区创新出台《人才工作三年突破实施方案》，升级出台“济高人才”2.0政策，实现对各类人才发展生命周期全覆盖。比如，依托建设全国首个科创金融改革试验区，放大“人才+金融”要素保障优势，设立科创金融母基金和新能源产业投资基金，落地推广“科创经纪人”成果转化模式，打造“人才+金融+科技+产业”高新样板；山东省科学院激光所格拉顿院士、美核电气叶奇蓁院士、浪潮集团公维锋、齐鲁制药刘骏等8位国内外顶尖人才先后入选3批济南市“一事一议”顶尖人才工程。槐荫区设立10亿元政府投资基金、1亿元产业专项扶持资金、2000万元人才专项资金，出台“槐荫科创10条”等系列人才政策，形成项目扶持、招才引智、平台支撑、优化环境、工作运行“五位一体”政策体系。在全省率先推出创建青年友好型城区18条新政，聚焦就业、创业、教育、医疗、居住等青年发展十大要素，为青年人才扎根槐荫、圆梦槐荫提供最优体验。青年人才队伍稳步发展壮大，近三年享受研究生生活与住房补贴的人数平均每年递增，自2021年创建青年友好型城区以来，落户大学生近20000人，研究生1300余人。历城区出台“智汇历城”人才集聚计划作为行动指南，构建灵活开放、务实有效的人才引育机制。支持高层次人才创新创业，聚焦重点产业，出台人才扶持政策“黄金十条”，先后兑现高层次人才创新创业项目、企业创新平台建设、引才育才等扶持资金2824万元；出台全市首个“1+433”数字经济人才专项支持政策，评选“数字高端人才”“数字青年人才”项目355个，兑现奖补资金315.2万元。商河县出台《关于实施“人才兴县”战略的意见》（简称商河“人才新政16条”），实施产业人才支撑工程、乡村人才振兴工程、社会事业人才发展工程，设立每年1000万元的人才发展专项资金，建立起“1+3+N”人才政策体系。市中区出台“经纬人才·1+11”人才政策，构建起人才政策框架体系的“四梁八柱”；打破校企引才用才体制机制壁垒，在全省率先出台校地人才合作“金10条”政策，促进校地人才资源充分融合。

3. 增强政治引领，落实党委联系专家制度。密切联系服务人才，扎实做好党委联系专家工作。市中区委班子成员带头联系包挂重点人才，通过实地走访、召开书记圆桌会议等形式，不断拓展联系服务专家人才的新途径。在全省率先打造去中心化、自组织的“经纬人才联盟”，畅通政府倾听人才需求、精准服务人才的通道。成立离岸基地综合党委，组织开展人才观摩、座谈会、高层次人才培训班等活动。长清区持续深化党委“一对一”联系服务专家制度、人才服务专员制度，区人才发展支持经费从五年前的100万元提升到1800万元，组织保障、资金保障更加完备。莱芜区大班子领导带头走访慰问高层次人才代表，鼓励高层次人才施展抱负、建功立业，为全区经济社会发展建言献策；积极推荐政治素质好、议政能力强的高层次人才担任“两代表一委员”，让高层次人才有为更有位。历城区开展“学党史、感党恩、跟党走”系列人才教育培训活动，举办企业家高级培训班 7 期、高层次人才爱国教育研修班 3 期、“智汇历城名师讲堂”3 期，累计培训企业家、专家人才 700 余人次；持续开展校企走访调研活动，举办人才政策专场推介会，密切政校企联系、促进产教融合。商河县创新推出科技、人才、金融、数据“四管家”服务，构建起人才事项“一管到底”的闭环体系；建设 500 余平方米的人才企业服务中心，设立“亲情惠会客厅”，打造人才企业沟通、服务专属空间。

（二）立足产业发展，构建创新驱动新优势

1. 聚焦重点产业，做大做强产业生态。坚持以产聚才，不断增强研发集聚能力。钢城区按照“1 个重点产业 +1 个龙头企业 +1 个顶尖人才团队 +1 个科创平台 +1 个工作专班”模式，依托全区“1 +4 + X”重点产业，不断加大高层次人才的引进和培养力度，成立 8 个“双招双引”产业专班，开展产业链引才，对汶源产业领军人才给予 100 万元重奖。2022 年度高层次人才数量较 2019 年增长 110%，全区高新技术企业产值占比达到 40%，研发投入增长 29%，在全省居于前列。章丘区重新规划六条产业链，同步编制产业和人才规划，助推产业集群与人才集聚耦合发展，近 5 年柔性合作省级以上高端人才 429 名。历城区明确将人力资源人力资本产业纳入全区十大重点产业，在全市率先编制“十四五”期间人力资源和人力资本服务业发展规划，成立人力资源产业工作推进专班，加快建链、补链、强链、延链，为产业发展把脉定向。在持续巩固劳务派遣、工资代发等传统人力资源业务优势的同时，积极推进人才测评、管理咨询、高端寻访等业态发展，构建环环相扣、互补互强的全产业链条。截至 2022 年底，历下区人力资源人力资本服务企业（机构）

221家，全年营业收入破百亿元。

2. 持续提升能级，不断推进平台载体建设。积极建设高能级双创平台载体，推动平台增效赋能实现新突破。历城区依托“济南超算数字经济生态创新圈”“山东大学洪楼创新圈”“工业北路创新带”，引入泉城省实验室、济南粒子科学与应用技术省实验室、山东高等技术研究院、齐鲁空天信息研究院、济南超级计算技术研究院等科研创新平台和新型研发机构，集聚由丁肇中院士、吴一戎院士、吴建平院士等专家领衔的科研团队140余个，吸纳研发人员4000余名。坚持“建载体、聚项目、引人才”三步走，围绕“两圈一带”布局建设超算中心科技园、智能传感器产业园、济钢防务空天信息产业基地等高标准产业建筑群，打造“稼轩国际人才创业港”，共建山东大学国家大众创新万众创业基地和“数字金融联合实验室”，积极培育科技创新、成果转化、产业升级等创新发展新生态和产业发展新动能。通过政策宣传、实地指导、跟进服务等方式，引导企业发挥在人才平台载体建设中的主体作用，依托企业产业优势和重点项目，积极申报建设科技研发中心等各类创新平台。人才聚集效应明显增强，企业自主创新能力显著提升。平阴县挂牌成立了欧洲高层次人才服务站，是平阴县首家海外人才服务机构。在青岛揭牌成立了高层次人才服务站，畅通与先进地区在人才、技术、项目、资金等方面交流合作的渠道。围绕玫瑰、阿胶特色产业发展，与省产业技术研究院合作成立玫瑰产业技术研究院，承接省产业研究院科技研发及成果转化。先后建立全国首家玫瑰行业院士工作站和阿胶产业院士工作站，推动传统特色产业发展。重点建设高层次人才创新创业园、玫瑰创新创业园区等，打造集科技、康养、休闲于一体的人才孵化器。起步区大力支持“中科系”院所开展关键技术攻关、培育孵化科技型企业，由济南中科先行燃气轮机科技有限公司、锐影检测科技（济南）有限公司等 10 余家企业组成的中科系产业转化矩阵初步成形，吸引聚集国家级人才 2 人，市级人才 6 人，科研人员 84 人。

3. 坚持产学研合作，研发集聚能力进一步增强。不断加强与高校院所的科研战略合作，支持新型研发机构建设。钢城区与中科院、山东大学等 40 余家高校院所达成产学研合作。投资 21 亿元，与省农科院共建山东未来畜禽种业国家现代农业产业园，建设国家动物 P3 实验室和全国唯一的兽药双 G 评价中心，打造全国首个家畜基因编辑育种平台，构建“种质资源 + 集成创新 + 中试研发 + 产业培育”的畜禽种业全产业链生态圈，引入畜禽领域院士团队。长清区与山东大学共建国家大学科技园京沪创新园；与齐鲁工业大学共建国家重点实验室成果转化孵化基地（长清），生物基材料项目、孔凡功博士项目已落地。对接融入高校资源，推动形成“科教产业联盟”，齐鲁工大计量检测实验室、中油济柴检测设备向企业、院校开放，可为共享单位节省 50% 以上的检测费用；中医药、齐鲁工大、圣翰、省劳技 4 所高校试点实验设备共享。商河县 2020 年成立全市首家区县级“四不像”新型研发机构——济南市花卉产业研究院，并成功备案省级新型研发机构；与北京大学、中国农业大学、山东大学、齐鲁工业大学（山东省科学院）等高校院所联建科技研发基地、中试基地等产学研合作平台 30 余处。高新区围绕打造国家战略科技力量重要承载地，构建以大院大所、新型研发机构、重点企业为主体的科技创新集群，全市 15 家“中科系”项目中的 10 家落户济南高新区，省级新型研发机构 39 家，省级及以上研发机构突破 280 家，居全省开发区和全市首位，高科技创新策源力持续增强。比如，在空天信息领域，总投资 8 亿元的卫星总装总测生产线加速建设，低轨卫星导航增强系统等多颗试验卫星成功发射，多个星座系统蓄势待发。比如，在装备制造领域，中科院电工所人才团队设计研发的全球首个“电磁橇”以时速1030公里创造了世界纪录。

（三）靶向精准引才，打造高质量发展新引擎

1. 加强合作交流，不断拓展引才聚才渠道。坚持开放思维，广开进贤之路聚人才。高新区聚焦校地人才共引共育，全面启动“硕博进高新”实践锻炼活动，与山东大学、山东师范大学、青岛科技大学等7所驻鲁高校开展校地人才引进战略合作签约，加速推动人才共育共享。比如，依托浪潮集团、齐鲁制药等领军企业，共建60余个海外人才飞地和协同创新中心，积极组织对外合作交流活动，中德（济南）中小企业合作交流大会已成为济南开放引才金品牌。目前，全区引进培育市级及以上高层次人才2171人，集聚市级E类以上人才1.4万余人。天桥区聚焦“以会聚才”，举办全球新材料产业院士科技创新论坛、空天信息产业发展高峰论坛、中国新材料资本技术大会等系列活动，邀请知名海内外院士专家出席，助力企业突破关键技术、解决融资需求，20多个人才技术密集型项目落地天桥。起步区借助中东欧科技协会创新资源，在匈牙利、芬兰、奥地利等国家，开展项目路演、政策宣讲、人才沙龙等人才活动20余场，吸引306个人才创业团队参赛，22个项目入围决赛，5个创业项目落地注册；先后举办“跨国公司与济南起步区高层对话会”“走进进博会”等大型双招双引推介活动，深层次、全方位宣传起步区人才发展前景、创业优势，提高人才政策知晓率和城市影响力，吸引15批次80余名海内外人才到起步区考察交流。

2. 依托平台招贤纳才，激发人才创新活力。借助优势打造纳才平台，助力实现跨越式发展。槐荫区依托医学中心资源优势，着力打造医学科技创新重要策源地。李兰娟院士领衔、16名院士参与的

全省高能级平台“济南微生态生物医学省实验室”已储备科研项目50余项，黄璐琦院士领衔的科技部“一带一路”中医药防治重大感染性疾病联合实验室、于金明院士领衔的中日韩肿瘤防控研究院、宣武医院陈彪教授领衔的国家老年疾病临床研究中心等一批项目落户，形成54位中外院士专家组成的“最强大脑”专家智库和肿瘤、心脑血管、生殖等八大优势学科“科研人才洼地”。山东第一医科大学2020年9月驻新校区以来，引进双聘院士、国家杰青等国家级领军人才41名，吸纳博士847人，7个专业ESI（基本科学指标数据库）全球排名前1%。山东中医药大学国际眼科与视光医学院于2022年8月正式启用，入住师生已达2000人，致力于构建该领域全国最健全的人才培养体系。天桥区聚焦“平台纳才”，搭建济南大学科技园“政府+高校”双创平台，签约78位专家教授作为创业导师，提供厂房租赁、创业融资等“一揽子”服务。联合中科院、山东省农业科学院等成立中科卫星、预制菜产业研究院等产学研平台，支持科研院所、重点企业新建企业技术中心、工程研发中心等科创平台，全区现有市级以上平台载体190家。

3. 开展引才聚才活动，激发高质量发展新动能。营造尊才爱才惜才敬才氛围，打好招才引智组合拳。钢城区聚焦周边8个区县1000万人口，创建钢城“人才超市”，开展“青鸟计划职选钢城”“家燕回巢”等线上线下招聘活动，到驻鲁高校“敲门引才”，邀请各高校院所开展青年人才钢城行等活动，与8所大学建立大学生实习实践基地，每年吸引2000余名青年人才到钢城创新创业，青年人才数量明显提升、人才结构明显改善。平阴县首次开展“校园直聘”活动，持续开展“才聚平阴　职等你来”、招贤纳才高校行等活动，先后对接60余所省内外高校，与山东中医药大学、山东建筑大学等合作成立招才引智工作站，累计引进高校毕业生7800余人。商河县连续举办4期“百名博士商河行”活动，成功举办黄河下游花卉产业高端论坛、科技智库专家商河行、泰山科技论坛、产业创新发展论坛暨高层次人才商河行等系列招才引智活动，签约引进北京大学原校长、中国科学院院士陈佳洱等中外院士12人，选聘挂职科技、旅游副镇长8人，泰山产业领军人才、泉城“5150”特聘专家等市级以上高层次人才拥有量达180人，青年人才拥有量达2.9万余人。

（四）助力队伍建设，探索人才培养新模式

1. 加强重点培养，人才队伍建设实现新突破。平阴县通过企业自主评价、校企合育、技能竞赛等形式加强技能人才队伍建设。成功承办了第七届全国铸造行业职业技能竞赛，该赛事作为我国铸造行业唯一的国家级赛事，首次在山东举办，来自各省市以及香港特别行政区的16支代表队231名选手参加决赛，在比赛规模和质量上再创历史新高。举办了山东省“技能兴鲁”首届铸造行业技能竞赛，来自全省7个地市19家企业的172名能工巧匠开展技能角逐。连续举办了四届全县职业技能竞赛，涉及14个行业领域，先后有6358人次参赛，涌现出大批高素质人才。平阴县“以赛为媒发掘技能人才”的做法被省、市推荐在“2022年世界青年技能日主题活动”技能竞赛类项目展示，“齐鲁铸造工匠”品牌影响力不断提升。章丘区深耕乡村培育人才。始终以顶格力度系统推进乡村人才振兴，广泛开展“双百人才、下乡兴农”活动、青年人才“四下乡”（农技、教育、卫生、综合）服务活动，持续引导外来人才到乡、本地能人返乡、科技人才下乡，累计建成了17个乡村人才振兴示范点，打造了“三地”（人才智力阵地、科普教育园地、示范推广基地）科技人才小院。经统计，全区回乡人才创业项目实现投资5.5亿元，创造就业岗位1000余个，壮大村集体经济收入9000多万元，带动农

民增收过亿元，2021 年村两委换届，217 名回乡人才当选为村两委成员，79 人担任村党组织书记。

2. 坚持“共育共享”模式，推动校地人才融合发展。搭建常态化对接服务平台、立体化人才培育平台，创设多样化活动载体。长清区与 12 所驻区高校建立校地组织部部长联席会议制度，开展校地人才双向挂职活动，5 年间，46 名高校人才到长清挂职。驻区企业与高校签约共建“卓越工程师培养基地”“产教融合 · 工学一体”实训基地等 20 余处，为企业订单式培养输送技能人才 1500 余人。按照“1 + 12”模式，建立长清大学城大学生就业服务中心和 12 个高校服务驿站，2022 年联合高校开展活动 20 余场次，“高校学子进企业”、校企“双向招聘会”、“中柬农业、职业教育国际宣介交流会”、“毕业生就业工作论坛”、“未来工匠联盟职业技能大赛”等接续进行，达到了促交流、聚人气、增活力的效果。

3. 创新评价模式，助力企业人才培养。钢城区在全市率先开展技能人才自主评价工作，开展十届职业技能大赛，极大地激发了技能人才的创新积极性。深化“钢城工匠”培育工作，企业高技能人才创新工作室达 30 余家，山东省蔺红霞齐鲁大工匠创新工作室、鲁碧建材陈万法高技能人才创新工作室多次获省部级表扬。历城区创新人才成长评价机制，立足历城实际开展区级人才分类认定，为高层次人才子女入学、随迁配偶安置、住房安居保障等难题提出破解良方。历城区累计认定高层次人才 2380 人，221 名人才入住“稼轩国际人才社区”，100 余名人才子女通过“绿色通道”就读历城名校，安置 3 名人才随迁配偶。

（五）聚焦服务保障，营造人才发展最优生态

1. 建立信息化平台，提升人才服务数智化水平。通过推进人才

服务信息化建设，着力打造“一网通办、一次办好”的人才服务模式。历城区搭建“智汇历城”数字化人才服务平台，实现“人才信息入库”，打造人才、平台信息数据库，摸清历城区高层次人才、历城籍在外人才、历城二中校友底数，绘制历城“人才地图”。开辟人才政策申领模块，提供“一站式”服务办理，提升人才工作服务便利化、管理规范化水平。钢城区建立钢城人才大数据平台，开展人才政策“云上讲”、产业人才“云上招”、人才服务“云保障”，精准匹配人才政策，人才工作由“纸面”向“指间”转变。创新建设“职等你来 e 站”，打造十五分钟人才求职服务圈，形成“1 个区级综合服务大厅为主干、7 处街道便民服务中心为枝干、252 个社区（村）为根基”的人才就业公共服务新格局。高新区上线济高人才综合服务平台，实现人才公共服务“一站式集成办理”，发放高层次人才生活和租房补贴等政策资金 8273.5 万元，受理高层次人才分类认定 3052 人次，完成 3505 人专业技术资格认定。平阴县打造“人才平阴网”，完善高技能人才奖励、高校毕业生租房和生活补贴等申报系统，健全“平阴县高层次人才库”，提升“平阴英才卡”功能，全力打造功能齐全、业务协同、创新普惠的“一站式”人才服务体系，共有 202 家企业 867 人次申报项目，1222 名高层次人才入库。在全市率先开发“乐业平阴”招聘求职云平台，打造“24 小时招聘会”。目前平台注册企业 181 家、发布岗位需求 2358 条，供需双方对接 7200 余人次，对接成功 1020 人。市中区积极搭建“济南市中人才网”“济南市中人才微官网”，实现“人才公寓申请”“子女教育保障申请”等全部事项的网上办理，推出“政策找人”“政策查询”两大板块，累计服务区级高层次人才 1000 余人次，申报材料和时间缩减量超过 50%，收录人才各类信息 4000 余条，大大提升人才工作信息化、标准化水平。长清区成立长清校地双创联盟，建立大学城融创“云平台”，有效推动高校科研成果、人才资源、优质项目等与地方平台企业合作，建立 17 套高校资源信息库，促成驻区高校 185 件专利成果通过“山东省技术产权交易平台”挂牌交易，并实现转移，成交金额 185 万元。

2. 创新举措精准发力，提升人才服务水平。心系人才务实服务，不断健全人才精准服务体系，打造“近悦远来”的人才服务生态。莱芜区打造“莱者芜忧”人才服务品牌，设立人才服务金卡，明确编制管理、职称评聘、健康查体、子女入学等方面服务内容，为人才提供一系列有速度、有精度、有温度的人才服务，截至目前共为 10 余名人才解决家属工作安置、子女入学等相关事宜；实施人才服务专员、助创专员、法务专员“三员助力”服务模式，为人才创新创业提供一站式、全方位服务。高新区坚持人才需求导向，持续巩固最佳比较优势，让广大人才从细微处感受高新温度，比如，教育医疗住房保障坚实，人才子女就学率达到 100%，初中学考连续三年领先全市；市中心医院东院区、高新东区医院等优质医疗资源投入运营；高层次人才购房补贴数量和金额均居全市首位。济阳区开通高层次人才随迁子女入学快速安置“绿色通道”，建立济阳实验幼儿园、济阳十中、济阳实验小学等 6 处区级人才子女学前教育和义务教育“定点储备校”；选取区内两家重点医院 100 余名专家医生，建立了区级医疗专家库，将医疗专家特长和联系方式印刷成册，提供给各类人才，累计为全区各类高层次人才提供医疗方面健康服务 200 余人次。历城区为入托或申请就读历城区义务教育阶段学校的高层次人才子女开辟专属“绿色通道”；安置随迁配偶，以“对口安置为主，统筹协调为辅”为原则，解决夫妻两地分居、家属工作安置问题，使广大人才更加安心、舒心、放心地在历城工作生活；精准摸排人才需求，多方筹措放心房源，确定以唐冶片区、王舍人片区为试点先行推出租赁型人才公寓服务，以精装修、拎包入住的人才公寓为圆心，打造集休闲、娱乐、健身等于一体的“稼轩国际人才社区”，使青年人才以经济实惠的房租享受到五星级的人才服务，增强人才归属感。市中区按照“工作项目化、项目清单化、清单责任化”的工作思路，打造“区委人才办—职能部门—街道—人才联盟”服务体系，锻造“一对一”人才服务专员队伍，及时解决各类人才住房、医疗、子女入学等方面的实际问题500余项，发放租购房补贴2.5亿元。章丘区打造“购买、租赁、补贴”三位一体的人才安居体系，筹集2062套人才公寓服务重点企业，2018年在全国县区一级率先推出产权型人才安居房；每年组织高层次人才健康查体，先后为36名人才子女办理入学，使人才服务更加精准有效，人才满意度不断提升。起步区依托中科新经济科创园等产业园区布局人才服务站点，持续优化人才服务窗口效能，累计为200余名人才提供政策咨询、补贴申领、业务帮代办等便捷服务；强化金融科技赋能，积极运用股权投资基金吸引高科技人才前来创业发展，北京一数科技、杭州康心医疗等6个人才企业成功落地；实施人才安居工程，1300套人才公寓投入使用。长清区生活工作保障不断强化，大学城实验学校、华东师范大学附属学校、山东中医药大学附属医院等优质教育医疗机构先后落户长清，人才生活工作环境显著提升；面向区级及以上高层次人才开通“人才贷”快速办理业务，三年来累计办理资金4500万元，支持保障人才创新创业。

3. 牢固树立“大人才”观，推动社会各方力量参与。多措并举，通过成立促进会、联盟、人才集团等方式，为人才提供全要素、全周期的市场化服务，形成各区县特色人才服务品牌。历城区统筹社会资源提供多维服务，举办“稼轩人才”品牌特色活动，联合中信银行济南分行在全市首发“中信银行—稼轩人才”联名卡，为稼轩人才提供专属理财、购房购车优惠、机场高铁贵宾厅服务等专享权益；借鉴“城市发展合伙人”理念创新推出“稼轩人才卡合伙人”制度，招募房地产、金融科技服务、餐饮娱乐等各行业合伙人400余家，为“稼轩人才”提供专属优惠折扣和优质服务；举办“稼轩人才特享汇”、“稼轩人才”包场观影、“关爱稼轩人才”知识讲座、“喜结连‘历’佳偶天‘城’”优秀青年人才联谊等“稼轩人才”系列品牌活动，“热带雨林”式人才生态渐成气候。天桥区积极探索齐鲁云商“黄河青年人才港”、堤口路“人才街区”、黄河北“人才双创园”、“一港一街一园”全域人才服务新模式，为人才就近提供便捷、贴心服务；聘请27名“双招双引”大使，组建人才服务专员队伍，成立省高层次人才发展促进会天桥代表处，吸纳单位65家、高层次人才180人，为人才提供交流合作、供需对接等贴心服务；建立青年人才流动驿站，为求职创业青年人才提供首月免费住宿；抓“一站式”服务，在行政审批服务大厅建立人才VIP服务中心，开通人才审批绿色服务通道，努力做到“一网通办”“一件事一次办”“跨省通办”，确保人才项目落地“一链办理”。平阴县2022年9月成立了全市首个县级人才发展集团——西兴人才发展集团，业务覆盖人才培育、引进、开发与管理等全产业链环节。

三、典型案例

（一）历下区：擦亮“海聚历下”品牌，强化海外人才集聚磁场

立足新时代新征程党的历史使命，历下区依托辖区科研院所高校聚集、国际社区正加快建成等海外引才基础和条件，聚焦破解区县一级海外引才平台不适用、政策不灵活和服务不贴合难题，探索“海聚历下”工作品牌，全面提高海外人才引聚效能。

1. 建强平台，打造引才聚才“主阵地”。扭住人才招引核心要素靶向发力，重点打造双创载体平台、共建共享平台、引企聚才平台三类引聚平台，持续推动全区人才质数双增。2022 年以来，全区留学回国人员 414 人，数量位居全市首位。入选国家级外专项目 8 项，引进外国专家 84 人。引进的查尔斯院士荣获中国政府友谊奖，并接受时任总理李克强接见，实现了历下区外国专家入选中国政府友谊奖零的突破。

2. 优化政策，激活用才育才“强引擎”。围绕人才引进、培养、服务重点环节，创新政策体系、做细政策宣讲、强化政策落实，让人才价值得到充分尊重和实现。产学研用深度合作，成果转化效率大幅度提升。2022 年技术合同成交额达到 73.3 亿元，获评山东省 2022 年度技术转移先进区绩效评价优秀。

3. 提升服务，营造留才安才“好环境”。坚持想人才之所想、急人才之所急，大力开展“四有”建设，“刚柔并济”拴心留人。帮助 15 家企业对接联系海外专家，解决技术难题 30 余项，产生经济效益 2.7 亿元。打造的“海聚历下·济南历下国际会议月”品牌，先后举办国际活动 4 场，参加人员 7 万余人次，有效提升了人才合作国际化水平。

（二）市中区：共引共享共用机制激活济南大学人才队伍建设

市中区与济南大学联合出台《关于协同开展招才引智促进创新创业的意见（试行）》（简称人才“金 10 条”），鼓励辖区内企业与济南大学按照共引共享共用机制联合引才，鼓励辖区内企业聘用济南大学现有人才进行项目合作、技术开发和成果转化。

1. 聚焦痛点难点，出台一套校地人才合作“金 10 条”政策。

从“支持高校人才进企业、促进校地联合引才用才、完善双向挂职机制”等方面制定了10条政策措施，同步适用于海内外各大高校院所，政策的创新性、支持力度在国内首屈一指，累计促成47家辖区内企业与56名高校人才就项目研发、成果转化达成合作，企业累计柔性聘用济南大学34位教职工从事研发工作，取得20多项发明专利，成功打破了引才体制壁垒。

2. 聚焦落地见效，形成一批校地人才合作高质量成果。聚焦辖区内十大千亿级产业及全区重点产业，突出“高精尖缺”导向，以项目合作为纽带，促成驻区企业与高校人才就项目研发、成果转化进行合作，校地人才合作不断向纵深迈进，汇集企业、高校院所人才资源，共建各类高端创新平台、研究院11个，济南大学聘请区内企业15名科研人员为“济南大学产业教授”，辖区聘请济南大学10名教授为“市中区智库专家”，累计成立济南大学大学生实训基地10个，实训学生1000人次以上。

3. 聚焦最佳生态，擦亮一个校地人才合作“家人式”服务品牌。一方面，对高校创新创业人才（团队）给予项目研发、平台建设等资金扶持，对校企联合新引进的博士、硕士研究生给予安家租房生活补贴。另一方面，对校企联合引进的人才安排服务专员，全方位提供人才公寓、配偶随迁、子女入学、健康查体等服务，厚植近者悦、远者来的创新创业沃土。全年及时解决各类人才住房、医疗、子女入学等方面的实际问题共500余项，发放租购房补贴2.5亿元。

（三）槐荫区：打造“槐 Young”品牌，优化青年人才发展生态

近年来，槐荫区以创建青年友好型城区为抓手，将青年人才队

伍建设作为全区人才工作的重中之重，充分考虑青年人才的成长规律和关注重点，深入推动“槐 Young”品牌建设，构建青年人才全面发展生态，加快打造广大青年心向往之、慕名而来、安居乐业的黄河流域中心城市一流城区。

1. *营建服务人才的青年立业城市*。把青年工作提升到推动区域经济社会发展的战略高度，围绕打造黄河流域青年人才高地，出台加强青年就业支持、金融支持等支持青年人才创新创业的“黄金 18 条”，区级财政每年保障至少 100 万元的专项经费，全力推动创建工作；为青年人才提供就业见习岗位 299 个，开发大学生公益性岗位 345 个；积极与山东大学、山东第一医科大学等高校建立校地合作机制，开展就业前置指导，提高本地高校青年留槐荫概率。

2. *构筑要素更全的青年乐居城区*。秉承“与青年共成长、让青年更出彩”理念，围绕解青年人才后顾之忧、提青年人才生活品质、搭青年人才资源平台，积极引入前沿性青年时尚消费业态，打造方特·东方神画等网红景点和特色商圈，完善社区文娱、体育等配套服务设施。发挥槐荫人才赋能港和青年人才创投服务基地作用，为青年人才创新创业提供人力资源、法律咨询等专业资源对接，在京沪会客厅打造全省首家“省市区一体化市民服务中心”，优化“槐荫快易办”服务品牌、“掌上办”服务平台，用心用情提供服务，构筑青年乐居城市。

3. *打造发展广阔的青年有为城市*。强化青年人才的政治担当，注重加强对青年人才的政治引领和政治吸纳，注重提高青年人才在新一届两代表一委员中的占比，青年人才占比达到 13%。同时，发挥青年人才的社会担当，围绕槐荫区发展重点任务，持续挖掘宣传各领域的优秀青年人才典型，开展“榜样青年奋斗有我”青春代言人展示活动，制作推出系列主题短视频 10 个，多平台、全方位展示，形成学榜样、做榜样的浓厚氛围。

（四）天桥区：共建国家大学科技园，深化校地合作新模式

为进一步发挥大学科技园的优势，深化校地合作，济南新材料产业园区管委会与济南大学“联姻”，携手共建国家大学科技园，搭建“政府+高校”创新服务平台，优化科技型企业孵化生态，助力科技成果落地、开花、结果，为区域经济发展蓄势赋能，打造新时代校地合作示范标杆。

1. 打造“人才+项目”全链式服务。为支持该园区人才发展，天桥区委、区政府专门制定了《关于支持济南新材料产业园区加快发展的若干人才政策（试行）》。同时，管委会不断强化“人才管家”服务，持续做好企业工商注册、人才工程申报等工作，打通了人才服务的“最后一公里”。目前，济大科技园已经引进泰山学者 2 位，培育出多名泰山产业领军人才、泉城产业领军人才以及“凤栖天桥”高层次人才，多人获评“市优秀科技工作者”等荣誉，签约 78 位高校教授、行业专家、优秀企业家作为创业导师，孵化了一批像润涵新材料、大湖新材料等优质项目，涵盖新材料、智能制造等产业领域。

2. 产学研一体化赋能高质量发展。济大科技园立足产学研一体化发展，依托创业导师队伍，通过加强与技术转移机构的互联互动，构建以企业为主体、市场为导向、产学研用深度融合的科技成果转化体系。目前，济大科技园已培育高新技术企业 5 家，省、市“专精特新”中小企业各 1 家，科技型中小企业入库 7 家，拥有有效知识产权 72 项，推动一大批优秀科技成果落地投产。

3. 校地合作助力争创科技园“国家队”。济大科技园通过“政府+高校”的新时代校地合作模式，融合共建打通校地之间要素流

动，促进相互发展，实现双赢多赢共赢，进一步提升高校科技成果转移转化水平。近年来，济大科技园区先后完成国家、省、市三级众创空间备案，2022 年通过“济南市中小微企业活动券服务机构”“济南市小型微型企业创业创新示范基地”认定，等等。下一步，园区将始终坚持以产聚才、以才兴产、产才融合，努力营造科技成果转化、科技型企业孵化的最优生态，打造黄河北岸最具特色的人才集聚高地。

（五）历城区：聚焦数字经济发展，打造“数智历城”人才强区

近年来，历城区坚持人才强区发展战略，抢抓数字经济发展新机遇，发挥政策引导、平台支持和服务保障作用，统筹协调各方资源，扎实做好数字经济人才引、育、用、留全链条各项工作，聚力打造数字经济产才融合新高地。

1. 强化政策顶层设计。聚焦数字产业化、产业数字化关键领域，历城区汲取先进地区经验，把政策的顶层设计作为重点。相继制定出台“历城区数字经济人才发展三年行动计划”及相关配套细则，结合历城数字经济产业发展方向和形势需求，制定数字经济人才专项分类认定体系，积极探索建立符合数字经济人才职业特点和成长规律的人才分类评价标准。

2. 打造专业平台载体。坚持“建载体、聚项目、引人才”三步走，以数字经济提升产业链创造力。围绕历城区“济南超算数字经济生态创新圈”“山东大学洪楼创新圈”“工业北路创新带”布局建设超算中心科技园、智能传感器产业园、济钢防务空天信息产业基地等高标准产业建筑群，打造“稼轩国际人才创业港”，集聚由丁肇中院士、吴一戎院士、吴建平院士等专家领衔的科研团队 140 余个，

吸纳研发人员4000余名。积极培育科技创新、成果转化、产业升级等创新发展新生态和产业发展新动能。

3. 完善服务保障体系。完善“智汇历城”人才服务平台功能，不断通过问题聚焦、流程再造、部门联动、服务模块化推动人才服务化繁为简，实现人才服务“降本增效”。以数字化推动人才服务精细化、智能化，实现“人才信息入库”。打造人才、平台信息数据库，摸清历城区高层次人才、历城籍在外人才、历城二中校友底数，绘制历城“人才地图”。推进“人才服务上线”，开辟人才政策申领模块，提供“一站式”服务办理，提升人才工作服务便利化、管理规范化水平。

（六）长清区：建立校地组织部部长联席会议机制，打造高质量发展“智力引擎”

近年来，长清区充分发挥大学城高校人才、科教资源优势，建立校地组织部部长联席会议机制，积极搭建沟通交流、人才引育、创新创业平台，推动校地人才共享共育共赢。

1. 校地机制共融。为解决大学城校地企之间“邻而不联”的问题，长清区与12所驻区高校建立校地组织部部长联席会议机制，常态化开展联系议事、信息互通、资源共享，各自拿出“供给”“需求”清单，“一事一议”推进落实，协调解决校地人才培养、基础设施配套等方面事项130余项。开展校地人才双向挂职，选派5名地方人才到高校担任客座教授、创业导师，为学校发展献计献策；高校选派12名专家人才到部门、街镇和企业挂任科技副职，参与地方经济发展、助力企业技术攻关。组建高校专家智库，聘请各高校相关领域专家学者担任智库成员，在决策咨询、项目评审、人才招引、人才工程申报辅导方面提供支持。

2. 校地平台共建。立足人才创新创业不同发展阶段，打造由众创空间、孵化器、加速器、专业园区组成的“四位一体”载体平台，组建“校企创新联合体”，开设人才“创业门诊”，简化“双创”审批流程，率先推出“零材料审批”“一件事集成服务”等审批新举措，为科研人员、高校毕业生创新创业提供“一站式”跟踪服务，推动形成高校找到转化平台、人才打通创业渠道、政府获得市场收益“三方共赢”的局面。目前，校内外国家级、省级众创空间总面积22.13万平方米，拥有创业工位1300余个，入驻企业、创业团队800余个。

3. 校地人才共育。聚焦校地双方急需高层次人才，鼓励校地人才报名参加济南市创新创业大赛，支持驻区高校与地方联合申报重点人才工程。针对各高校专业设置情况，举办大学城校企人才线上供需招聘活动，联系驻区30余家重点企业提供岗位600余个。开展“高校学子长清行”系列活动，分批次组织山东师范大学、齐鲁工业大学、山东交通学院等12所高校300余名学生实地参观调研艾科达生物、国舜集团等辖区企业，聘请“长清校园引才大使”50余人，吸引更多青年人才走进长清、了解长清。

（七）章丘区：聚才兴农绘乡村振兴“新画卷”

近年来，章丘区认真贯彻落实习近平总书记关于乡村人才振兴的部署要求，以三涧溪村为先行示范，结合打造乡村振兴齐鲁样板，优化政策供给，打造平台载体，强化典型示范，吸引人才集聚乡村，推动智力回归、人才回乡、资本回流，形成新时代“上山下乡”的生动局面，谱写和推广鲜活的“三涧溪经验”。

1. 优化政策供给，吸引人才下乡。坚持把政策引导作为乡村人才工作的重要引擎，区级层面谋篇布局，三涧溪村先行示范，全区乡村跟进落实，激发人才回乡下乡热情。相继制定“回乡创业 22 条”“乡村人才振兴 18 条”等政策，每年列支 500 万元专项资金，鼓励和支持外来人才到章创业、在外人才回章创业、在章人才回乡创业、在乡人才本土创业，统筹推进外来人才引进和本土人才培育。全区乡村人才创业项目投资 5.5 亿元，带动农民增收近亿元，217 名回乡人才当选为村两委成员，79 人担任村党组织书记。

2. 打造平台载体，促进人才立业。建立“科技人才小院”，搭建科普教育、科技推广与人才培养的联动平台，先后引进推广蔬菜保鲜膜、美国黑莓、四季葱种植、脱毒红薯系列技术等新技术、新品种 20 多项。坚定实施产业引才、事业引才，为人才投身乡村振兴创造条件。围绕现代农业、乡村旅游等农村重点产业，组织百家经营主体、百个美丽乡村示范村产业振兴项目，实施村居“四个一”工程，构建人才服务乡村新路径。三涧溪村集约型工业园吸引 72 家企业落户，“悦然”创业车间吸纳 86 名乡村人才，成为撬动就业创业的新支点。

3. 坚持典型带动，形成人才雁阵。组织开展“乡村人才宣传月”“乡村之星”系列展播等活动，树立农村大有可为、章丘创业可为的鲜明导向。扩大三涧溪村乡村振兴齐鲁样板效应，讲好乡村故事，发挥返乡创业先进模范作用。王元虎作为第一批回乡创业大学生的一员，打造的“章小福”农业综合体，吸纳了 62 名乡村人才。

（八）济阳区：高能级平台载体引育高层次人才

产业是支柱，平台是基础，人才是关键。近年来，济阳区紧紧围绕重点产业发展，以平台建设为抓手，引导企业加大研发投入，提升平台载体能级，为推动产业结构转型升级、经济社会高质量发展和高层次人才引进培养提供了有力支撑。

1. 坚持“面”上“推”，拓宽平台载体建设覆盖面。在全市率先开展规上工业企业研发机构全覆盖行动，鼓励企业采取自建、与高等院校科研院所联建、与上下游企业共建的模式，推动全区研发经费投入和高能级平台建设。2022年，全区80家规上工业企业完成研发机构建设备案，全区R&D（科学研究与试验发展）研发经费投入填报总额较上年增长21.4%。截至目前，全区拥有重点实验室、企业技术中心等各类平台载体196家，高新技术企业172家，科技型中小企业251家，为各类人才开展创新活动提供了丰富的平台载体。

2. 坚持“点”上“建”，加大重点领域平台建设力度。在平台载体建设上，重点聚焦区内食品饮料、智能制造、生命医药、新一代信息技术四大主导产业以及特色农业产业优势，通过打造高能级平台载体，实现以才促产、产才融合。柔性引进印象初院士与区内祥辰科技集团有限公司合作，设立全市第一家农林方面的省级院士工作站，成功申报山东省科技成果转化基地，较好地发挥了集聚人才、加强产学研合作的推动作用。成立区内第一家“四不像”机构——济南特医食品产业技术研究院，高水平规划18.6平方千米的中国（济南）特医食品城，依托该平台，扎实做好战略研究、项目孵化、人才聚集、科技攻关、成果转化等各项工作。

3. 坚持融合发展，充分发挥平台载体对人才的支撑作用。依托区内现有企业平台载体基础，充分挖掘企业对高层次人才和高端项目的需求，加大高层次人才的支持力度。2023年，依托各类平台载体申报国家级人才工程4人。鼓励区内企业建设平台载体提高人才吸引力，推动济南盈和新材料与济南大学共建新材料研究院、济力机械与南京信息工程学院共建“三螺杆泵研发中心”、金晔食品与山东理工大学共建研究生工作站，加快各类人才向济阳集聚。截至目前，全区已成功申报入选市级以上重点人才工程 76 人，累计引进各类青年人才 12500 余人。

（九）莱芜区：实施“三员助力”新模式，开创人才服务新局面

莱芜区以人才需求为导向，充分总结以往人才服务经验做法，广泛集结优质资源，优化人才服务流程，创新性打造服务专员、助创专员、法务专员“三员助力”人才服务新模式，全周期服务人才创新创业，为全区经济社会发展提供了坚强的人才支撑和智力支持。

1. 细化标准、健全制度，提升队伍工作力度。印发《莱芜区人才发展环境政策（30 条）》，明确服务专员、助创专员、法务专员人选范围及工作职责，制定配套实施细则，切实提升高层次人才的服务水平。通过单位推荐、联合审查、集中培训的方式，确定各类专员 51 名，专员通过微信工作群与 15 个街镇、园区重点企业精准对接，通过实地走访、电话、微信等沟通联系方式，为企业提供“一对一”服务。

2. 纵向联动、横向协同，提升政策落实效度。为提高服务人才效率，莱芜区建立纵向联动、横向协同有机分工与配合的服务体系，进一步提升人才工作的规范化、科学化水平。分工负责，协作配合，建立了明确的问题处理机制，各级专员承担政策宣传、项目申报、统计调查、服务合作、人才活动等职责，已帮助人才对接并办结各类服务事项 1400 余项，解决难题 200 多项，满意度 100%。项目实施以来，先后引进博士 14 人、硕士 301 人、大学生 6232 人，自主培养科技部创新人才推进计划 2 人，省级高层次人才 20 人，市级领军人才 21 人。

3. 聚焦需求、定制服务，提升人才服务温度。各类专员根据人才、企业需求，有针对性地开展项目路演、人才招聘、融资对接、资源嫁接等活动，为人才打造了全方位服务体系，营造了良好的营商环境。通过一系列人才生产生活配套服务的优化和服务效率的提升，真正将莱芜区打造成人才发展环境的“高地”、人才创新创业投资的“洼地”，持续增强企业和人才的获得感。

（十）钢城区：“人才超市”助力人才服务提质增效

为切实解决人才就业信息获取难、企业招聘人才难，搭建用人单位与求职者的供需平台，打通人才供需渠道，钢城区创新建设“钢城人才超市”。围绕“互联网＋服务”模式，积极推动人才与企业深度融合，打造集人才供需、就业创业、劳务派遣、劳动保障等服务于一体的现代化网络服务平台，为人才做全方位、全要素、全过程的服务，切实解决人才就业难、企业用工难问题。

1. 集聚资源要素，夯牢超市基础。围绕本区重点领域产业需求，广泛搜集1000余名钢城籍在外人才及区内企业重点合作人才信息，各类人才注册总量达到3万余人，为“一键索才”提供基础数据，人才“储备库”充足稳定。常态化收集各类用工需求信息，企业注册量突破700家，发布需求岗位数量11000多个，企业“需求库”动态调整，破解人才供需信息不畅难题。

2. 搭建多方平台，完善超市功能。搭建供需对接平台，对企业招聘信息与人才求职需求进行匹配，让数据多跑路、人才少跑腿，已成功对接3000余个岗位。搭建劳动服务平台，及时推送创新创业政策，推介创业项目，促进银企对接，激发人才创业活力。搭建权益保障平台，发布社保政策及动态信息，设置劳动监察、劳动人事争议仲裁窗口，随时答疑释惑，保障人才就业创业权益。

3. 优化服务格局，提升超市效能。持续拓展服务功能，上架微信小程序，为“找人才”“找工作”两大模块增加跳转链接，推出新闻速读、大数据悬浮窗、简历后台批量下载等功能，随时为企业和人才提供便捷服务，访问量已突破 25 万次。

（十一）平阴县：“一式三化”人才服务新模式

“引才为先，留才为要”，近年来，平阴县聚焦用人主体和人才关切，聚力打造“无忧平阴”人才服务品牌，全面推行“一式三化”（全景式，定制化、市场化、无感化）人才服务新模式，为各类人才干事创业搭好台、服好务。

1. 推行“全景式”人才服务。始终将人才“关键小事”当作“头等大事”来抓，打造全方位、多角度、立体化的“全景式”人才服务体系。聚焦人才关心的户籍办理、创业扶持等 8 项核心需求，推出服务保障英才卡，扩宽人才服务事项纵深面，为人才提供覆盖交通出行、子女入学、医疗保健等领域 35 项全方位服务保障。开辟人才项目绿色审批通道，配备 41 名“全科型”金牌服务大使，采用首问负责制，针对人才在生活、置业等方面的问题，第一时间予以服务保障。

2. 创新“定制化”人才服务。对于人才投资建设项目，深化代办、代建、代管“三代”服务，践行“企业吹哨，部门报到”理念，切实帮助人才项目落地解决实际困难和问题。2022 年度办理人才服务事项 153 件。围绕人才、企业涉及的各类工信、科技、人才工程等项目申报，提供全流程、全链条的申报辅导，全程做好政策解读、专家辅导等工作，实现人才项目能报尽报、人才政策应享尽享。2022 年度组织 42 家企业开展项目申报辅导。

3. 拓展“市场化”人才服务。组建平阴西兴人才发展集团，县委组织部负责业务指导，积极探索“人才+服务+产业+资本”的才智汇聚新路子。支持建设人才综合服务平台，鼓励成果转化平台、战略咨询机构、专业销售公司等第三方机构为人才企业发展提供人力资源、知识产权、科技服务、创业辅导、管理咨询、融资服务、法律服务、签证办理等专业化服务。

4. 开发“无感化”人才服务。推进“数享平聚”人才智慧服务体系建设，健全“数享平聚”数字化服务平台，为人才提供“一网通办、一次办好”的“24 小时不打烊”的智慧服务。率先开发“乐业平阴”招聘求职云平台，打造“24 小时招聘会”，为意向来平、留平人才及时推送适配岗位和就业创业指导等服务。截至目前，平台注册企业 181 家、发布岗位需求 2358 条，供需双方对接 7200 余人次，对接成功 1020 人。

（十二）商河县：打造“六园四院三校 N 基地”，推动“四链”融合发展

近年来，商河县坚持人才引领驱动，聚焦县域四大主导产业、五个百亿级特色产业集群，布局建设“六园四院三校 N 基地”全域创新体系，下好“四链”融合先手棋，开创人才引领高质量发展新局面。

1. 打造六园载体“引”，做大“产业链”。积极做好承接京津冀技术转移文章，围绕产业精研细谋专项发力，重点打造生物医药化工产业园、通用航空产业园、一二三产融合发展创新产业园、高端装备制造产业园、绿色智能建筑产业园、温泉康养产业园等“六园”载体，引进入驻红日药业、凯美科技等科技型企业 30 余家，推动成果产业化应用 80 余项，实现产业高端化、智能化、融合化发展。

2. 建设四院平台“聚”，建强“人才链”。持续释放中科院微生

物研究所、济南市花卉产业研究院、齐鲁高端绿色化工产业技术研究院、山东省建筑科学研究院等“四院”平台影响力、吸附力，深化拓展与高校院所、知名企业合作，签约引进环境工程、生物化学等领域高层次急需紧缺人才 167 人，集聚青年人才 2.7 万余人，共同研发课题 100 余项，为加速产业转型升级提供高品质人才供给。

3. 借力三校资源“育”，延伸“教育链”。打造新时代职业教育体系，引进落地山东工程职业技术大学、新华教育集团山东职业教育产业园、济南新技术应用学校等职教资源，实现中专、高职、本科教育有效衔接，打通技术技能人才成长通道。坚持办学跟着产业“走”，面向生物医药、高端装备、通用航空等重点产业，打造机械设计制造、航空服务等一批特色专业群，为力诺特玻、商河通用机场等“订单式”输送高技能人才 1864 人，真正实现“产教一体、工学合一”。

4. 联建 N 个基地“用”，激活“创新链”。深化校地企融合共建，携手举办科技智库专家商河行、泰山科技论坛等产学研对接活动，推动专家智力与产业需求精准对接。采取“院校 + 龙头企业 + 科创基地”合作模式，联建科技成果转化中试基地、研发基地 40 余处，携手开展科技攻关、技术改造和成果转化项目 66 项，技术合同成交额超过 1.2 亿元，有效推动企业技术革新，助力产业链创新升级。

（十三）高新区：突出三个“聚焦”破解发展难题，激发中小人才企业发展活力

为切实解决中小人才企业在多种外部因素影响下的发展难题，持续提升服务保障力度，济南高新区通过“突出三个‘聚焦’破解发展难题，激发中小人才企业发展活力”项目，为中小人才企业发

展创造良好条件，助力企业在优化调整中找到立足点、发力点，实现与市场的良性互动发展。

1. 聚焦校企合作，助力企业广纳英才。通过深化校地融合、畅通交流渠道、强化政策赋能等措施，与山东大学、山东师范大学等高校签订校地人才引进战略合作协议，加速推动校地企三方人才共育共享。依托“硕博进高新”等一系列青年人才引育活动，征集企业实习岗位 600 余个，推动企业由“招聘毕业生”向“吸引实习生”转变。

2. 聚焦纾难解困，牵线搭桥问企所需。联合多部门深入中小人才企业开展实地调研、座谈交流，在了解企业人才需求和发展现状后采取开展惠企政策宣讲、出台《济南高新区应对疫情助企纾困若干政策措施》等举措为纾解企业经营困难、恢复各行业发展提供支持。累计组织 300 余家中小外贸企业参加各类线上洽谈会 50 余次，完成“人才贷”授信金额 3560 万元，成交外贸意向金额超过 1 亿美元。

3. 聚焦数字赋能，精准施策智慧高效。将部门分散、独立的系统创新打造为集政策兑现、就业创业等功能于一体的“济高人才”综合服务平台，有效解决系统整合不足、服务体验不佳等突出问题，进一步提高人才工作数字化建设水平。平台成立以来，累计办理档案业务 12481 人次，接收流动人员人事档案 9785 份，受理各级各类职称申报超过 6000 人次，其中完成 3505 人专业技术资格考核认定工作，人才服务数字化水平显著提升。

（十四）新旧动能转换起步区：加快成形起势，着力打造优质人才生态环境

济南新旧动能转换起步区深入贯彻黄河流域生态保护和高质量

发展战略，积极推进实施“人才生态环境提升工程”，各项任务取得显著成效。

1. 统筹谋划，健全人才机制。坚持“顶格倾听、顶格协调、顶格推进”，调整成立以党工委主要负责同志任组长的起步区党工委人才工作领导小组。制定出台《关于实施“鹊华英才”计划的若干措施》，围绕重点人才群体引进、拓展引才用才渠道、搭建高能级平台载体、健全激励机制、优化人才生态等方面，出台了 20 条 39 项极具含金量、竞争力的人才发展支持政策。

2. 高点定位，搭建平台载体。坚持“聚资源、搭平台、促创新”，积极争取重点科研院所、重大科技项目等创新创业平台在起步区落地布局。中科院工程热物理、高能物理、计算技术等 3 家中科系院所先后落地，抢占先进动力、核技术应用、泛在智能等领域前沿科技先机。与大连理工大学等达成合作意向，共建齐鲁军民融合创新产业基地。成立山东国创智能机器人研究院、山东可信云技术研究院、山东氢谷新能源技术研究院等一批新型研发机构。

3. 内招外引，集聚各类人才。成功举办第五届中国（济南）新动能创新创业大赛北欧赛区赛事，借助中东欧科技协会创新资源，在匈牙利、芬兰、奥地利等国家，开展项目路演、政策宣讲、人才沙龙等活动 20 余场，吸引 306 个人才创业团队参赛。积极借势借力，动员社会各方参与人才招引工作，组织汽车、物流、食品等行业的 30 余家企业到知名高校院所召开专场“双选会”，先后为达利食品、比亚迪汽车等用人单位引进各类急需紧缺人才 6000 余名。

4. 多措并举，保障人才服务。加快道路交通建设，济泺路隧道、凤凰黄河大桥、黄河大道一期相继通车。公共服务配套不断完善，山东省实验小学国博城学校开学招生，山大二院北院区、省实验中学鹊华校区、黄河体育中心等项目进展顺利。实施人才安居工程，研究制定人才公寓建设管理使用办法，1300 套国际人才公寓投入使用，设置咖啡轻餐、精品书房、便民鲜超、健身中心等共享空间，打造人才服务“15 分钟生活圈”。

四、关于区县（功能区）人才工作的对策建议

（一）聚焦机制创新，优化人才发展新生态

不断健全党管人才工作机制，进一步完善领导小组成员单位人才工作职责清单，实行重点任务专班化、项目化推进，构建高效协同运行机制。鼓励更多的高校院所、科研机构、行业协会等协助制定创新、多元、多层次的评价体系，既要与国内人才评价通用标准及行业发展大势相适应，也要与地方经济发展对重点人才的需求相匹配。进一步加大人才体制机制改革的力度，实施更加积极更加开放更加有效的人才政策，吸引更多人才来济创新创业。创新人才发展的激励机制，结合各区县实际，分别制定与其发展相适应的政策，对企业引育人才、建设平台给予“真金白银”政策奖励支持，为人才打造优良的发展生态。

（二）聚焦协同发展，推动产才融合新发展

围绕济南重点产业链，同时兼顾各区县实际产业发展情况，不断强化系统融合、市场思维、科技赋能，推动人才链与产业链深度精准对接、一体发展，为县域经济高质量发展提供坚强的人才支撑和智力保障。聚焦重点产业和未来产业，培育一批既通生产、又懂市场的复合型“帅才”。定期组织优秀企业家到国内知名高校学习培训，到发达地区考察学习，到国有骨干企业挂职锻炼，培育造就一支高素质企业家队伍。实施吸引高校毕业生留济回济行动，为产业

人才梯队“蓄好水”“育好苗”。全面完善“双师制”“订单式”等培养机制，探索实施人才“校企双聘”“校地企交流挂职”等制度。支持企业建设研发团队、增加研发投入、创建科创平台，提升高新技术企业、科技型中小企业占比，夯实产业发展基础，依托省科学院、驻京办、驻沪办等在海外一线城市建立人才工作站。

（三）聚焦渠道拓展，实现人才招引新突破

聚焦世界科技创新前沿领域，在高端人才引进上实现新突破。绘制人才地图，成立人才智库，在全球坐标系内搜寻人才、锁定人才。发挥企业引才主体作用，完善“揭榜挂帅”制度，引导企业采取项目引才、兼职引进、技术顾问、共建平台等方式，靶向引进符合产业特色、企业需求的优秀人才和项目。高标准举办第六届济南市“双创”大赛，聚焦新赛道、新产业，孵化一批科技创新项目，引进一批科技人才创办企业。在海外人才密集地区聘请引才大使，在美国、英国、法国、日本等发达国家增设海外引才工作站，逐步建立全球化、常态化的引才网络。加强与海外行业协会、风投公司、猎头公司、联谊会、欧美同学会等机构的合作，及时发布人才项目需求信息，定期邀约推介的人才来济南市参加各类活动，提高引才精准度。要鼓励企业开展以人才、技术为主要内容的跨国并购，建立海外研发机构和孵化器，团队式延揽国际高端人才。

（四）聚焦精准服务，打造人才服务新高度

强化各区县人才“数智化”建设，丰富人才大数据平台功能，建设人才综合服务大数据平台，打造线上“人才之家”，提升人才政策落实效率，实现从项目补贴申报、信息发布到人才技术需求、人才项目招引一网通办功能延伸。建设青年驿站、青年社区等，打造

青年友好型城市。进一步健全各区县精准联系服务机制，为广大人才提供零距离、贴身式的“店小二”服务，办好人才安居、子女教育、医疗保障、配偶安置等“关键小事”。健全人才安居保障体系，加快推进人才会客厅、人才公园等项目建设，拓展“泉城人才金卡”服务领域，让各类人才在济南工作生活更加安心舒心顺心。用好各级政府投资引导基金等人才项目支持政策，扩大“人才贷”支持范围和额度。鼓励各区县吸引社会资源加盟人才服务合伙人，为人才提供购物、旅游、餐饮、健身等优惠活动。

第四章　产业人才研究

产业是经济发展的重要构成，对于推动“强新优富美高”新时代社会主义现代化强省会建设具有重要意义。2017 年，济南市人民政府印发《济南市十大千亿产业振兴计划》（济政发〔2017〕3 号），提出“确定集中突破发展大数据与新一代信息技术、智能制造与高端装备、量子科技、生物医药、先进材料、产业金融、现代物流、医疗康养、文化旅游、科技服务十大产业”。2020 年，济南市委、市政府发布《关于加快建设工业强市的实施意见》（济发〔2020〕16 号），提出“做大做强做优大数据与新一代信息技术、智能制造与高端装备、精品钢与先进材料、生物医药等四大支柱产业集群，规模总量达到万亿级”。2021 年，济南市人民政府印发《济南市工业和信息化“十四五”发展规划》，提出“打造先进制造业和数字经济两个万亿级产业高地”“做强支柱产业集群”“前瞻布局未来产业”“壮大传统优势产业”。其中，未来产业重点介绍了量子信息、区块链、氢能源、空天装备、先进电磁驱动、增材制造和石墨烯材料产业，传统优势产业介绍了高端化工、绿色建材、纺织服装、食品加工、高端五金和包装印刷产业。

济南市正在加快新旧动能转换，不断推进产业发展，构建现代化产业体系。产业人才对于济南市的产才融合发展以及产业人才聚集高地构建起到重要作用，分析与总结各类重点产业人才分布与需求状况有助于了解济南市产业人才现状，为未来的产业人才政策制定提供参考。

一、 重点产业人才分布

本部分以往年的人才调查研究为基础，对济南市重点产业人才分布情况进行梳理和总结，不同年份的调查侧重点存在差异。

（一）2018—2020 年济南市重点产业人才分布

根据 2017 年济南市人民政府印发的《济南市十大千亿产业振兴计划》（济政发〔2017〕3 号），2018—2020 年的产业人才调查研究以济南市十大千亿产业为重点，收集各类信息，反映济南市重点产业人才现状。

1. 重点产业人才供给状况。重点产业人才供给状况共有三个指标，分别是人才质量程度、人才流动程度和人才供给程度，根据供给程度从低到高，分别赋值为“1”“2”和“3”。

2018 年重点产业人才供给状况如表 4－1 所示。从人才质量程度方面看，大数据与新一代信息技术、产业金融和现代物流产业的人才质量程度最高，最符合企业人才需求；量子科技、文化旅游和科技服务产业的人才质量程度相对较低，与企业人才需求存在一定差距；智能制造与高端装备、生物医药、先进材料和医疗康养产业的人才质量程度为中度，较为符合企业需求。从人才流动程度方面看，大数据与新一代信息技术、医疗康养和科技服务产业的人才流动程度最高；量子科技、生物医药、现代物流和文化旅游产业的人才流动程度为中等；智能制造与高端装备、产业金融和先进材料产业的人才流动程度相对较低。从人才供给程度方面看，大数据与新一代信息技术、产业金融和现代物流产业的人才供给程度最高；量子科技、文化旅游和科技服务产业的人才供给程度最低；智能制造与高端装备、生物医药、先进材料和医疗康养产业的人才供给程度为中等。

表 4－1　2018 年重点产业人才供给状况

	人才质量程度	人才流动程度	人才供给程度
大数据与新一代信息技术	3	3	3
智能制造与高端装备	2	1	2
量子科技	1	2	1
生物医药	2	2	2
先进材料	2	1	2
产业金融	3	1	3
现代物流	3	2	3
医疗康养	2	3	2
文化旅游	1	2	1
科技服务	1	3	1

注：“1” 表示轻度，“2” 表示中度，“3” 表示高度。

（数据根据济南市人才服务中心有关资料整理）

2019 年重点产业人才供给状况如表 4－2 所示。从人才质量程度方面看，智能制造与高端装备、产业金融和现代物流产业的人才质量程度最高，最符合企业人才需求；生物医药、文化旅游和科技服务产业的人才质量程度相对较低，与企业人才需求存在一定差距；大数据与新一代信息技术、量子科技、先进材料和医疗康养产业的人才质量程度为中度，较为符合企业需求。从人才流动程度方面看，大数据与新一代信息技术、生物医药和医疗康养产业的人才流动程度最高；先进材料、现代物流、文化旅游和科技服务产业的人才流动程度为中等；智能制造与高端装备、产业金融和量子科技产业的人才流动程度相对较低。从人才供给程度方面看，大数据与新一代信息技术、生物医药和医疗康养产业的人才供给程度最高；量子科技、文化旅游和科技服务产业的人才供给程度最低；智能制造与高端装备、先进材料、产业金融和现代物流产业的人才供给程度为中等。

表 4-2 2019 年重点产业人才供给状况

	人才质量程度	人才流动程度	人才供给程度
大数据与新一代信息技术	2	3	3
智能制造与高端装备	3	1	2
量子科技	2	1	1
生物医药	1	3	3
先进材料	2	2	2
产业金融	3	1	2
现代物流	3	2	2
医疗康养	2	3	3
文化旅游	1	2	1
科技服务	1	2	1

注："1" 表示轻度，"2" 表示中度，"3" 表示高度。

（数据根据济南市人才服务中心有关资料整理）

2020 年重点产业人才供给状况如表 4-3 所示。从人才质量程度方面看，现代物流和医疗康养产业的人才质量程度最高，最符合企业人才需求；量子科技、生物医药和科技服务产业的人才质量程度相对较低，与企业人才需求存在一定差距；大数据与新一代信息技术、智能制造与高端装备、先进材料、产业金融和文化旅游产业的人才质量程度为中度，较为符合企业需求。从人才流动程度方面看，医疗康养、大数据与新一代信息技术和科技服务产业的人才流动程度最高；文化旅游、量子科技、生物医药和现代物流产业的人才流动程度为中等；智能制造与高端装备、产业金融和先进材料产业的人才流动程度相对较低。从人才供给程度方面看，先进材料、产业金融和现代物流产业的人才供给程度最高；量子科技、医疗康养和科技服务产业的人才供给程度最低；大数据与新一代信息技术、智能制造与高端装备、生物医药和文化旅游产业的人才供给程度为中等。

表 4－3　2020 年重点产业人才供给状况

	人才质量程度	人才流动程度	人才供给程度
大数据与新一代信息技术	2	3	2
智能制造与高端装备	2	1	2
量子科技	1	2	1
生物医药	1	2	2
先进材料	2	1	3
产业金融	2	1	3
现代物流	3	2	3
医疗康养	3	3	1
文化旅游	2	2	2
科技服务	1	3	1

注："1" 表示轻度，"2" 表示中度，"3" 表示高度。

（数据根据济南市人才服务中心有关资料整理）

2. 重点产业人才专业知识匹配度。根据产业人才专业知识匹配度从低到高，分别赋值为"1""2"和"3"。

2018 年重点产业人才专业知识匹配度如表 4－4 所示。大数据与新一代信息技术、产业金融和现代物流产业相关企业所招聘人才的专业知识与岗位需求的匹配程度最高；智能制造与高端装备、量子科技、生物医药和医疗康养产业相关企业所招聘人才的专业知识与岗位需求的匹配程度为中等；先进材料、文化旅游和科技服务产业相关企业所招聘人才的专业知识与岗位需求的差距较大。

表 4 - 4　2018 年重点产业人才专业知识匹配度

	专业知识匹配度
大数据与新一代信息技术	3
智能制造与高端装备	2
量子科技	2
生物医药	2
先进材料	1
产业金融	3
现代物流	3
医疗康养	2
文化旅游	1
科技服务	1

注："1" 表示轻度，"2" 表示中度，"3" 表示高度。

（数据根据济南市人才服务中心有关资料整理）

2020 年重点产业人才专业知识匹配度如表 4 - 5 所示。智能制造与高端装备、产业金融和现代物流产业相关企业所招聘人才的专业知识与岗位需求的匹配程度最高；大数据与新一代信息技术、生物医药、医疗康养和文化旅游产业相关企业所招聘人才的专业知识与岗位需求的匹配程度为中等；量子科技、先进材料和科技服务产业相关企业所招聘人才的专业知识与岗位需求的差距较大。

表 4－5　2020 年重点产业人才专业知识匹配度

	专业知识匹配度
大数据与新一代信息技术	2
智能制造与高端装备	3
量子科技	1
生物医药	2
先进材料	1
产业金融	3
现代物流	3
医疗康养	2
文化旅游	2
科技服务	1

注："1" 表示轻度，"2" 表示中度，"3" 表示高度。

（数据根据济南市人才服务中心有关资料整理）

（二）2021—2022 年济南市重点产业人才分布

2020 年 8 月，济南市委、市政府召开产业链"链长制"工作专题会议，随后印发《关于实施产业链"链长制"的工作方案》和《关于进一步完善产业链"链长制"重点领域的通知》，明确济南市 12 条重点产业链。2021—2022 年的产业人才调查研究以济南市 12 条产业链为重点，收集各类信息，反映济南市重点产业人才现状。2021—2022 年济南市重点产业人才总量情况如图 4－1 所示。

从人才数量来看，新城建产业的人才数量最多，人力资本产业人才数量居于第 2 位，金融产业居于第 3 位；新城建、人力资本和金融产业的人才数量占 12 个产业人才总量的比例超过一半。2021

年，新城建产业的人才数量在 12 个重点产业领域人才总量中的占比为 24.35%，2022 年该比例上升为 25.3%。人力资本产业在这两年的人才占比分别为 19% 和 17.06%。金融产业在这两年的人才占比分别为 13.4% 和 13.45%。量子产业和空天信息产业的人才数量最少，占比不足 1%。

从变化趋势来看，12 个重点产业人才总量整体呈现上升趋势，2022 年人才总量增加近 4 万人，大部分产业人才数量增加，仅量子产业与人力资本产业人才数量出现小幅度减少。节能与新能源汽车产业和生物医药产业的人才数量增幅最大，增加比例分别为 16.84% 和 13.03%。新城建、新一代信息技术、电子商务、先进材料和金融产业人才增幅在 5% 到 10% 之间，空天信息、物流和高端装备产业人才增幅在 1% 到 5% 之间。

在 12 个重点产业中，学历型人才在量子产业内的集聚程度最高，专技人才在金融产业内的集聚程度最高，技能人才集聚程度最高的产业为先进材料产业。量子产业和金融产业人才中的博士生比例较高，硕士研究生在量子产业、金融产业和空天信息产业内占比较高，本科生在金融产业、新一代信息技术产业和量子产业内占比较高，专科生在电子商务产业、节能与新能源汽车产业和先进材料产业内占比较高。

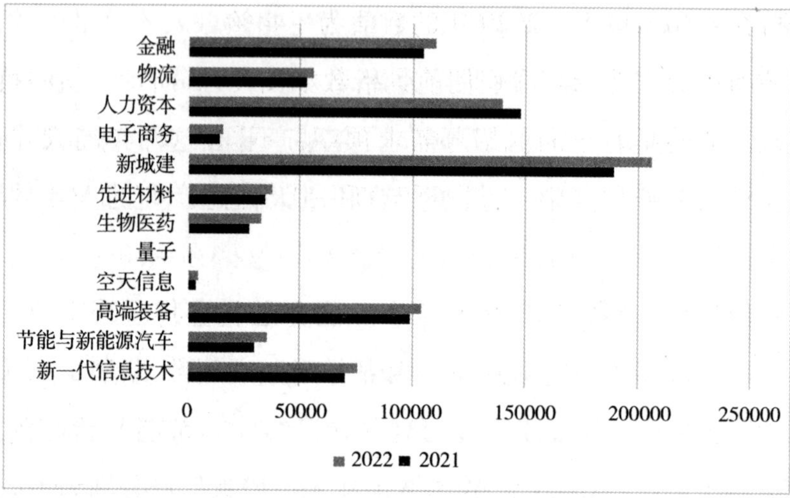

图 4-1　2021—2022 年重点产业人才总量（单位：人）

（数据根据济南市人才服务中心有关资料整理）

二、　重点产业人才需求

本部分以往年的人才调查研究为基础，对济南市重点产业人才需求情况进行梳理和总结，不同年份的调查侧重点存在差异。

（一）2018—2020 年济南市重点产业人才需求

2018—2020 年的产业人才调查研究以 2017 年济南市人民政府印发的《济南市十大千亿产业振兴计划》（济政发〔2017〕3 号）为基础，重点调研济南市十大千亿产业人才现状。

1. 重点企业雇佣前景分析。雇佣前景调查是为了解未来某一时间段内企业在增加还是减少员工招募方面的意向，净雇佣前景指数是由调查范围内期望在下一年度中增加员工人数的企业所占比例减去期望减少员工人数的企业所占比例得出的数值。图 4-2 为济南市重点产业历年净雇佣前景指数，从中可以看出济南市重点产业整体呈现乐观的招募需求预期，自 2017 年至 2020 年的净雇佣前景指数

均保持在 +40% 以上，2020 年的数值为 +44% 。

济南市分产业历年净雇佣前景指数如图 4 –3 所示，从中可以看到所有产业均具有正向的招募需求预期，不同产业的净雇佣前景指数存在较大差异。其中，大数据与新一代信息技术产业连续保持旺盛的招募需求，两年的净雇佣前景指数均保持在 +50% 以上，2020 年的数值达到 +54% 。科技服务、产业金融和生物医药产业连续两年的净雇佣前景指数均在 +40% 以上，人才需求预期积极乐观。文化旅游和智能制造与高端装备产业的人才需求预期较为乐观，2020 年净雇佣前景指数略低于 +40% 。医疗康养和量子科技产业 2020 年净雇佣前景指数有所下降，现代物流和先进材料产业 2020 年净雇佣前景指数大幅增加。

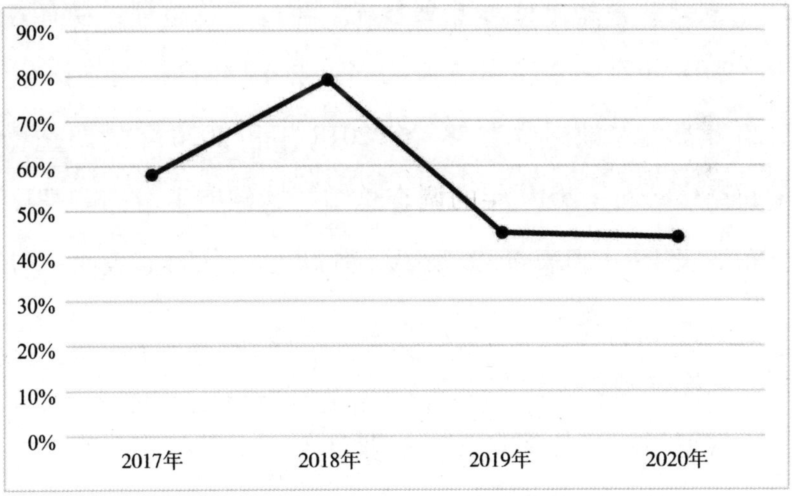

图 4 –2　济南市重点产业历年净雇佣前景指数

（数据根据济南市人才服务中心有关资料整理）

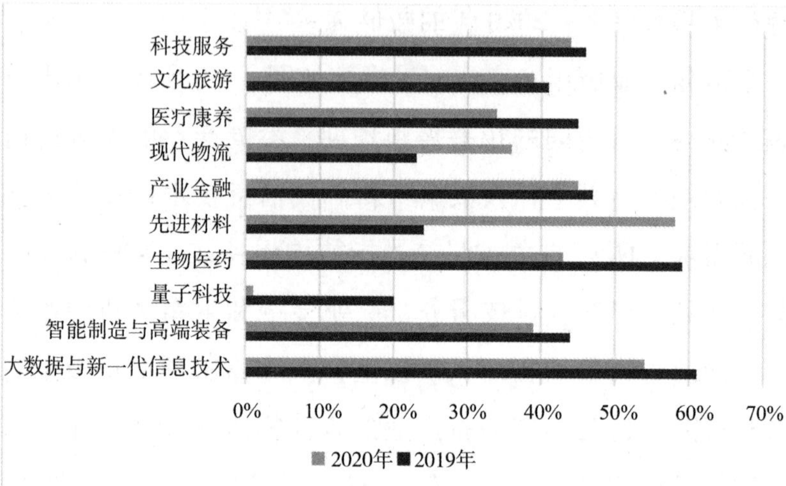

图4－3 济南市分产业历年净雇佣前景指数

（数据根据济南市人才服务中心有关资料整理）

2. 重点产业紧缺岗位与专业分布。经过汇总整理，在有效岗位样本中，2018年高度紧缺岗位为72个，2019年高度紧缺岗位为74个，2020年高度紧缺岗位为58个。2018年和2020年的调查总结了高度紧缺岗位分布，2019年的调查总结了紧缺专业分布。高度紧缺岗位分布如表4－6和表4－8所示，紧缺专业分布如表4－7所示。根据产业特征，不同产业所需人才专业差异较大，所设置的岗位有所区别，高度紧缺类岗位和专业呈现不同特征。

对大数据与新一代信息技术产业来说，大数据类、软件类、网络类和开发类工程师岗位的需求较大，所对应的紧缺专业主要集中在工程技术类等专业。对智能制造与高端装备产业来说，电气类、机械类、技术类和电子类工程师岗位的需求较大，所对应的紧缺专业主要集中在工程技术类以及工商管理类等专业。对量子科技产业来说，研发类、编程类、运维类和通信技术类工程师岗位的需求较大，所对应的紧缺专业主要集中在材料类、电气类、电子类、计算机与软件类和光学类等专业。对生物医药产业来说，药物类、生物类、实验类和研究类岗位的需求较大，所对应的紧缺专业主要集中在医学与药学类、生物与化学类和软件类等专业。对先进材料产业来说，设计类、开发类和材料类工程师岗位的需求较大，所对应的紧缺专业主要集中在化工类、材料类、计算机类、电气类以及物理类等专业。对产业金融产业来说，金融类、风险类、税务类、精算类的分析师与研究员以及客户经理岗位的需求较大，所对应的紧缺专业主要集中在经济学、金融学、法学以及管理类等专业。对现代物流产业来说，物流相关的培训师、规划师、技术员以及经理岗位的需求较大，所对应的紧缺专业主要集中在管理类、计算机类、机械类、交通运输工程以及安全科学与工程等专业。对医疗康养产业来说，医师类、讲师类、咨询类、设计类和营销岗位的需求较大，所对应的紧缺专业主要集中在医学与药学类、计算机与软件类以及管理类等专业。对文化旅游产业来说，市场类、媒体类、培训类以及设计开发类岗位的需求较大，所对应的紧缺专业主要集中在旅游类、商务类、语言类、管理类以及新闻类等专业。对科技服务产业来说，咨询类、网络类、财务类、建筑类以及工程师类岗位需求较大，所对应的紧缺专业主要集中在土木类、设计类、材料类、通信类、电气类和技术类等多种专业。

表 4-6　2018 年高度紧缺岗位分布

	岗位
大数据与新一代信息技术	云计算研发工程师、销售经理、网络安全工程师、数据库工程师、交互设计师、产品经理、SI（信号完整性）工程师、GSP（Gener Soft Platform）开发工程师、EDA（电子设计自动化）软件工程师、IOS 开发工程师、NET 软件工程师
智能制造与高端装备	质量工程师、深度学习算法工程师、技术工程师、机器视觉工程师、焊接工程师、工业工程师、电子工程师、电气工程师、VOC（挥发性有机化合物）工程师、PHM（故障预测与健康管理）工程师、CAE（计算机辅助工程）仿真分析工程师
量子科技	硬件工程师、PCB（印制电路板）研发工程师、Java 工程师、C/C++研发工程师、运维工程师、信息安全产品研发工程师、通信技术工程师
生物医药	药物制剂负责人、药物分析负责人、有机合成研究员、生物实验员、生物信息工程师、分子生物研究员
先进材料	产品设计师、专利工程师、产品开发、设备工程师、材料技术工程师
产业金融	金融系统构架师、理赔查勘专员、精算评估专员、金融分析师、风险管理专员、客户经理、证券研究员
现代物流	物联网培训讲师、物流规划师、物流技术员、物流经理、运营经理
医疗康养	教育陪伴师、咨询顾问、平面设计师、旅行计调员、培训讲师
文化旅游	学术代表、新媒体运营专员、市场部产品专员、HIS（医院信息系统）工程师、采购经理、临床医师
科技服务	网络安全工程师、食品检测工程师、景观设计师、建筑设计师、规划工程师、造价工程师、房地产会计专员、管理咨询师、专利代理人

（数据根据济南市人才服务中心有关资料整理）

表 4-7 2019 年紧缺专业分布

	紧缺专业
大数据与新一代信息技术	软件工程、电气工程、电子科学与技术、信息与通信工程、机械工程、计算机科学与技术、控制科学与工程、管理科学与工程
智能制造与高端装备	控制科学与工程、机械工程、电气工程、电子科学与技术、电子信息、计算机科学与技术、光学工程、仪器科学与技术、工商管理、管理科学与工程
量子科技	安全科学与工程、材料科学与工程、电气工程、电子科学与技术、电子信息、光学工程、计算机科学与技术、软件工程
生物医药	临床医学、中药学、药学、生物工程、生物医学工程、生物与医药、化学、生物学、软件工程
先进材料	化学工程与技术、材料科学与工程、材料与化工、化学、冶金工程、仪器科学与技术、计算机科学与技术、电气工程、物理学
产业金融	金融、应用经济学、法律、法学、工商管理、理论经济学
现代物流	工商管理、交通运输工程、公共管理、安全科学与工程、计算机科学与技术、机械工程
医疗康养	药学、护理学、口腔医学、基础医学、临床医学、计算机科学与技术、软件工程、工商管理
文化旅游	旅游管理、国际商务、外国语言文学、工商管理、教育学、心理学、新闻传播学、新闻与传播
科技服务	设计学、土木工程、信息与通信工程、材料科学与工程、材料与化工、测绘科学与技术、电气工程、环境科学与工程、机械工程、计算机科学与技术

（数据根据济南市人才服务中心有关资料整理）

表 4－8　2020 年高度紧缺岗位分布

	岗位
大数据与新一代信息技术	产品研发工程师、大数据工程师、售前技术工程师、前端工程师、嵌入式开发工程师、软件开发工程师、算法工程师
智能制造与高端装备	CAD 应用工程师、Java 开发工程师、高级产品经理、嵌入式开发工程师、焊接工程师、电气工程师、机械设计师、质量管理工程师
量子科技	电气工程师、CFD（计算流体力学）工程师、硬件工程师、光学工程师
生物医药	药物分析负责人、质量检测员、执业药师、生物实验员、生物试剂研发工程师、制剂分析员
先进材料	化工工程师、专利工程师、设备工程师、材料技术工程师
产业金融	金融系统架构师、理赔查勘专员、税务师、金融分析师、风险管理专员、客户经理、证券研究员
现代物流	物联网架构师、物流规划师、物流报检员、报关专员
医疗康养	内科医师、临床医师、口腔科医师、市场营销总监
文化旅游	培训师、主播、艺术设计师、产品开发专员
科技服务	建筑设计师、造价工程师、网络安全工程师、食品检测工程师、景观设计师、房地产会计专员、节能设计师、生态规划师、管理咨询师、专利代理人

（数据根据济南市人才服务中心有关资料整理）

3. 产业人才紧缺原因分析。2020 年的调查总结了不同重点产业人才紧缺的原因，结果如图 4－4 所示。经过统计汇总，约 82% 的企业表示正面临着人才紧缺的难题，只有 14% 的企业表示目前无人才紧缺问题，还有 4% 的企业对人才紧缺问题表示不确定。

超过半数的企业认为造成产业人才紧缺的主要原因包括“本地符合岗位能力要求的人才数量少”，占受访企业总数的 53%。“本地专业对口人才数量少”和“新增业务导致人才急缺”也是各类企业认可的人才紧缺主要原因，选择这两类原因的企业占比分别为44%和41%。综合来看，上述三类原因主要反映的是产业人才在专业背景、业务背景以及工作能力方面与企业需求不匹配的问题。

此外，员工个人发展问题、企业环境以及部分客观因素也是企业认为造成人才紧缺的原因。25%的企业认为“员工流动率过大”是人才紧缺的重要原因，将“薪酬待遇不理想”“职业发展不明确”“工作环境不满意”“管理机制不合理”和“社保福利不完善”列为人才紧缺原因的企业占比分别为19%、8%、7%、4%和3%。客观因素方面，将“工作地点偏远”和“员工家庭因素”列为人才紧缺原因的企业占比分别为24%和19%。

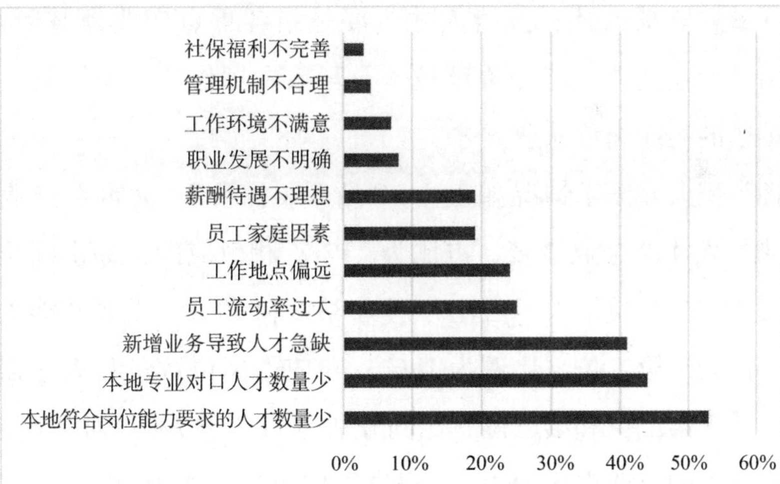

图4-4　济南市产业人才紧缺原因

（数据根据济南市人才服务中心有关资料整理）

（二）2021—2023年济南市重点产业人才需求

2022年的产业人才调查区分了不同人才种类，包括“高精尖”人才、博士后人才、海外留学归国人才、高级工程师、“急需紧缺”

人才和技能人才。“高精尖”人才主要是指能够提升济南城市竞争力、拥有关键技术、引领新兴产业、带动转型升级的海内外高层次人才和团队；博士后人才主要是指各博士后工作站设站单位拟引进的博士后人才；海外留学归国人才主要是指济南各用人单位急需引进（柔性引进）的在海外高校学习，并获得学位的留学人员或者在国（境）外高等院校、科研机构进修的访问学者和进修人员；高级工程师主要是指各重点产业领域所需的，能在关键岗位发挥作用的，具有副高级以上职称的工程师、工业设计师等一线技术人才；“急需紧缺”人才主要是指新一代信息技术、节能与新能源汽车、高端装备、空天信息、量子、生物医药、先进材料、新城建、电子商务、人力资本、物流、金融等关键领域及行业急需的高校毕业生及其他行业领域的紧缺人才；技能人才主要是指各重点产业领域所需的，具备精湛专业技能，能在关键技术及环节发挥作用，能够解决生产操作难题的一线岗位从业人才。

各类型人才需求情况如表 4－9 所示，需要 12 大重点产业“急需紧缺”人才的企业最多，占比为 73%；相对应的，提供岗位数量以及人才需求数量最大，占比分别为 83% 和 70%。需要技能人才的企业占比居于第二位，比例为 18%；对应的岗位数量和人才需求数量占比居于第二位和第三位，比例分别为 11% 和 7%。对“高精尖”人才有需求的企业占比为 3%，提供岗位数量占比为 3%，人才需求数量较大，占比达到 21%。其余类型人才的企业需求占比、岗位数量和人才数量占比均较低，在 1% 到 3% 之间。

表 4 -9　2022 年重点产业人才需求情况

人才类型	企业		岗位		人数	
	数量	占比	数量	占比	数量	占比
“高精尖”人才	36	3%	92	3%	7205	21%
博士后人才	16	1%	29	1%	257	1%
海外留学归国人才	33	3%	39	1%	179	1%
高级工程师	24	2%	46	1%	262	1%
“急需紧缺”人才	876	73%	2924	83%	23781	70%
技能人才	223	18%	396	11%	2272	7%

（数据根据济南市人才服务中心有关资料整理）

2023 年 5 月，济南正式发布《2023 年度省会经济圈重点产业发展人才需求目录》，这是济南市首次联合省会经济圈 6 市（济南、淄博、泰安、聊城、德州、滨州和东营等 7 市）征集重点产业人才岗位需求信息。

济南市征集的岗位主要涉及精品钢与先进材料、生物医药与大健康、金融、节能与新能源汽车、空天信息、量子技术、新城建、电子商务、人力资本、物流等行业领域。其中，大数据与新一代信息技术行业需求单位最多，达 377 家；智能制造与高端装备行业需求人数最多，达 13331 人。工程师、技术研发等硕士、博士人才需求旺盛。

三、 典型案例

（一） 济南 “数聚才智” 人才大数据系统

2021 年，依托大数据、人工智能等信息技术，济南市人才服务中心建成了全国首家人才大数据中心，具备全域化、一体化和智慧化的特点，实现了公安、卫健、社保、教育等核心部门的数据共享，打破数据壁垒，形成巨量人才“数据池”，首次精准掌握济南市人才底数。同年，山东省持续深入优化营商环境和推进政府职能转变领导小组办公室以“济南市：建立首个全域化智慧化人才数据中心”为题介绍了济南市人社部门的先进经验做法，“数聚才智”的济南探索荣获“全国人才工作创新案例最佳案例奖”。

同时，济南市人才服务中心绘制了国内首个产业人才地图，以真实地图为基础，直观展示供给端的产业人才存量、专业、层次和分布等信息以及需求端的人才专业、学历、职称等信息，从供求两侧形成对比，有助于分析产业人才的供求矛盾、错配状况及紧缺指数等问题，并助推产业人才政策的制定与完善，以实现精准引才，推动人才链与产业链科学匹配。科研成果《以人才大数据助力城市人才高地建设——从济南实践看城市人才工作数字化路径》载于《中国人才》2023 年第 2 期。

（二）济南产业人才培养和赋能平台

2021 年 7 月，济南产业人才培养和赋能平台启动，领军企业、科研院所、职业院校和平台机构携手，通过精准匹配企业需求，大力培养专精特新人才，探索打造具有济南特色的、强力赋能工业强市和强省会建设的产业人才培养新模式。该平台由济南市工业和信息化局、济南市教育局、济南市人力资源和社会保障局牵头发起，山东大学、华为技术有限公司、北京百度网讯科技有限公司、金现代信息产业股份有限公司等多家单位共同建设，旨在打造集“人才培养 + 招才引智 + 技术研发 + 精准匹配 + 数字平台 + 成果转化 + 工业服务”于一体的开放式新型机构，利用线上数字化平台和线下实训基地，探索产教深度融合新模式，实现产业人才的精准培养、精准开发、精准匹配。山东大学、莱芜高新区、山东省未来人才发展有限公司签订共建山东大学济南工业互联网研究院战略合作协议。北京百度网讯有限公司、山东电子职业技术学院、东方互联（山东）信息科技有限公司签约共建山东电子人工智能产业学院。北京百度网讯科技有限公司、东方互联（山东）信息科技有限公司签订山东省战略合作协议。华为济南创新中心、山东建筑大学、山东省未来人才发展有限公司签约共建信息与电气工程实训基地。

企业缺什么样的人才，平台就开展相应的订单式培养。平台将在服务企业、服务发展上狠下功夫，努力构建人才培养方向与产业发展、企业需求“同频共振”的良好局面；在培养专精特新人才上狠下功夫，围绕济南大数据与新一代信息技术、智能制造与高端装备、生物医药与大健康、精品钢与先进材料四大主导支柱产业需求，推动产业人才供给与企业发展需求实现精准匹配；在产教融合创新发展上狠下功夫，积极探索“订单班”“学徒制”等产业人才培养新路径。

（三）产业人才相关支持政策概述

根据济南市人才政策“双 30 条”，与重点产业人才关联度较大的政策包括产业领军人才支持工程、高端外专集聚工程、专业人才工程师支持政策、专业人才首席技师支持政策以及专业人才乡村之星支持政策。

产业领军人才支持工程针对的主要是重点产业发展急需的、具有重大引领带动作用的创新创业人才和团队，重点支持大数据与新一代信息技术、智能制造与高端装备、先进材料、生物医药等重点产业领域急需紧缺的高端人才（团队）。高端外专集聚工程围绕济南市重点产业发展需求，引进并重点支持高层次、紧缺外国专家（团队），实行项目资助。专业人才工程师支持政策包含新动能工程师引进计划，支持企业从市外引进济南市新动能发展所需要的工程师等一线技术人才。专业人才首席技师支持政策主要面对在济南市生产一线从事技术技能工作，具有良好职业道德、高超技能水平、丰富实践经验、突出业绩贡献，在全市乃至全省本行业（领域）影响带动作用大、得到广泛认可，经选拔认定的优秀高技能人才。专业人才乡村之星支持政策主要面对在农业生产一线和农村经济社会发展中直接从事生产、经营、服务等活动的优秀农村实用人才。

2023 年 5 月，为充分发挥专家“智囊团”和“思想库”作用，提升产业人才工作的科学化、规范化、专业化水平，加强产业人才队伍建设，经研究，拟建立济南市产业人才专家库，主要面向新一代信息技术产业、生物医药产业、新材料产业、高端装备制造产业、节能环保产业、新能源产业，以及战略性新兴产业涉及的其他急需紧缺或关键技术领域。

第五章　重点人才工程

一、顶尖人才、产业领军人才、青年人才等人才工程基本情况

习近平总书记提出，“发展是第一要务，人才是第一资源，创新是第一动力”。2021 年 9 月 27 日至 28 日，中央人才工作会议在北京召开，这是中国第一次以中央名义召开的人才工作会议，为新时代人才工作擘画了新的蓝图。近年来，随着人才在经济社会发展全局中的战略地位愈加突出，为加大城市引才竞争力，济南市出台真金白银的人才政策，推出了“海右”等系列重点人才工程，对提升引才聚才成效进行了大胆探索和有力实践。

（一）顶尖人才政策概况

济南市于 2018 年 11 月出台了《关于支持顶尖人才（团队）助力新旧动能转换“一事一议”实施办法》（以下简称《实施办法》），重点支持从济南区域以外新引进的或济南市自主培养的，围绕“卡脖子”攻坚方向、关键核心技术领域具有自主知识产权，对济南市产业发展具有重大引领作用，能够创造重大经济社会效益，需采取特殊政策、灵活方式引进培养的院士和千人计划等顶尖人才（团队），主要分杰出人才和领军人才两类人才、创新和创业两种方式、

全职和柔性两种途径。2018 年以来，济南市共遴选支持顶尖人才（团队）三批 13 人（个）。

对新引进或自主培养的国内外创新创业顶尖人才（团队），在济南市重点产业拥有关键核心技术或自主知识产权，创新水平居国际一流、国内领先，显著提升济南科技创新影响力的，可通过项目资助、创业扶持、股权直投等方式，“一事一议”保障，给予 1000 万元—1 亿元的综合资助，对市人力资本评估授信的予以贷款贴息。对全职或柔性引进的中国科学院院士、中国工程院院士等层次的国内外顶尖人才，按其对济南市产业发展贡献度，通过“一事一议”给予 100 万元—500 万元生活补贴。

（二）产业领军人才政策概况

产业领军人才支持计划是济南市招才引智的知名品牌，是济南市重点打造的高层次人才工程，之前为泉城“5150”引才倍增计划（自 2009 年开始实施）、泉城产业领军人才支持计划（自 2017 年开始实施），截至 2021 年底，已经累计支持 1046 个人才（团队）（其中支持引进类 825 个、本土类 221 个），支持的人才在各个行业各个领域建功立业，有效推动了济南的科技创新、产业发展。2022 年，按照济南市人才政策“双 30 条”要求，将泉城“5150”引才倍增计划和泉城产业领军人才支持计划进行了合并优化，创新推出“海右计划”产业领军人才支持计划，分为本土人才和引进人才两类，主要围绕济南市大数据与新一代信息技术、智能制造与高端装备、精品钢与先进材料、生物医药与大健康四大主导产业及现代农业、新能源等重点产业领域遴选急需紧缺的高端人才（团队），2022 年度共确定支持人才（团队）136 个，支持的人才项目大都集中在济南市重点产业领域，其中，四大主导产业项目共 111 个，包括大数据与新一代信息技术领域32个、智能制造与高端装备领域37个、精品钢与先进材料领域13个、生物医药与大健康领域29个，占比达81.6%，此外，现代农业、新能源、新城建、量子科技等领域25个，人才与产业深度融合，为科技创新和关键核心技术突破提供强力人才支撑。

在扶持政策方面，对创新人才（团队）分A、B、C三类给予50万元—300万元启动工作支持经费，用于团队建设、技术研究、创新交流、人才津贴等。对创业人才（团队）分A、B、C三类给予100万元—500万元创业启动资金支持，并可采取股权直投、跟投的方式给予支持。资金主要用于项目研发、场地租赁、研发平台建设、设备购置、专家咨询、人才培训等创业企业运营。入选的人才（团队）优先推荐申报市级及以上人才工程、科技计划，优先提供科技成果转化、大型仪器设备共享等平台服务，优先推荐申请风险投资资金支持。在服务保障方面，为入选人才（团队）提供创业导师辅导及市场、融资、生产、管理等全方位咨询服务，并定期组织人才（团队）参加相关培训。入选的创新创业人才和团队领军人才，可申领泉城人才服务金卡，享受在出入境、户籍办理、工商税务、海关服务、子女入学、医疗保健、休假考察等方面的待遇。加大对人才及企业的推介力度，举办部门单位人才项目对接会，在供需对接、项目落地、政策配套、办公用房、金融支持、科技服务等方面深入对接合作，靠上进行帮扶，全力支持创业创新人才和企业做大做强。建立人才项目全生命周期服务保障机制，指导市直部门、区县、园区配备人才服务专员，提高主动服务意识，不断完善人才项目数据库建设，做好高层次人才联系服务工作。完善全过程动态监测机制，加强对人才项目的动态管理、绩效评估，全面动态地掌握企业发展状况和需求，真正帮助人才和企业在济南落地生根、茁壮成长。

（三）青年人才政策概况

1. 博士后支持政策。支持驻济企事业单位设立国家博士后科研流动站、博士后科研工作站、省博士后创新实践基地，对设立流动站、工作站、基地的单位分别给予 50 万元、50 万元、30 万元资金扶持。对新入站的全职博士后，按在站从事科研实际工作月数，给予每人每月 5000 元生活补贴，最多不超过 24 个月。设站 1 年内招收博士后人员进站并开题的站点，对符合条件的市属企事业单位工作站、基地，分别给予 5 万元、3 万元科研资助。博士后出站后在驻济企事业单位工作并签订 3 年以上劳动合同的或在济南创业的，给予 25 万元留济补贴。

2. 海外留学人才支持政策。支持一批处于初创阶段，创新能力强、发展潜力大、市场前景好的留学人员企业，对重点类创业企业、优秀类创业企业，分别一次性给予 50 万元、30 万元创业支持资金。支持全球 TOP200 高校毕业的留学回国人员在济就业创业，符合条件的，按照最高学历学位的留学年限，分别给予博士 5 万元/学年（总额不超过 30 万元）、硕士 3 万元/学年（总额不超过 9 万元）、学士 1 万元/学年（总额不超过 4 万元）的留学费用补贴。

3. 青年创客支持政策。支持高校毕业生在济南创业，自主创业、个人创业的，可提供 20 万元贷款额度；合伙创业的，可提供 60 万元贷款额度。支持区县联合高校、科研院所、知名公司等，建设创新楼宇、创业街区、众创空间，为在校或毕业 5 年内的大学生提供低成本或免费创业工位。建立创客导师队伍，为创客人才（团队）提供创业策划、技术指导、市场分析、经营管理等方面的咨询和指导服务。

4. 优秀大学生支持政策。每年从驻济高校遴选 500 名优秀学生进行奖励，每人3000元；每年遴选一批国内外知名高校在校学生，与驻济企业建立人才信用合同，企业可按一定比例给予学生最多2年的学费补助，给予研究生最高3万元的生活补助，符合条件的企业按规定享受经费补贴；每年遴选500名国内外知名高校学生到驻济企事业单位及区县开展1个月的实训实践，用人单位按照不低于2000元的标准为其发放补助，按照2000元/人的标准给予用人单位经费补贴；对非驻济知名高校毕业1年内来济参加面试的毕业生，一次性给予1000元求职补贴。

二、主要做法

（一）人才政策体系日趋完善

1. 助力济青国家级人才平台创建。充分贯彻落实省委人才工作会议“充分发挥济南青岛区域中心城市优势，积极融入国家人才发展布局，高水平创建吸引和集聚人才平台”的指导思想，发挥创新平台载体的引才聚才效能，确定了“中科系平台+实验室体系+新型研发机构”的济青国家级人才平台建设模式。

2. 创新海外人才认定评价模式。2021年，济南市率先出台《济南人才管理改革试验区海外高层次人才快速认定举荐实施细则（试行）》，实行“常态受理、快速认定、集中资助”；2022年，对该政策进一步修订完善，将重点科创平台载体纳入支持范围，同时探索赋予重点用人单位海外人才提名权，目前修订后的政策已经出台。

3. 人才政策体系进一步优化。为更加高效、精准地做好人才服务工作，打造强省会建设人才高地，济南市委组织部对济南市顶尖人才“一事一议”、泉城产业领军人才支持计划等政策进行修订完善，出台《济南市人才服务支持政策（30条）》和《济南市人才发展环境政策（30 条）》，推动济南市人才生态持续优化。

（二）坚持自主培养和引进并举

1. 人才成绩斐然。2022 年，济南市除国家级人才数量实现跃升外，1 位专家获得 2022 年度“中国政府友谊奖”，省级科技领军人才也收获颇丰，本年度共有 20 名人才入选泰山产业领军人才工程，入选人数再创历史新高，居全省首位，获得省财政资金支持 2950 万元。1 位专家获得 2022 年度“齐鲁友谊奖”。获批 2021 年山东省外专双百计划 14 项，入选数量位居全省首位。获批 2022 年山东省“海外工程师”支持计划 8 项。第四届“创业齐鲁·共赢未来”高层次人才创业大赛（第二期）申报完成，32 人被推荐至省科技厅。

2. 积极搭建国际人才交流合作平台。第二十届中国国际人才交流大会的成功举办为各类人才提供了交流合作的平台，高等院校、超算中心等多家院所、企业通过大会的平台，精准开展需求对接。市委组织部举办第五届中国（济南）新动能创新创业大赛预赛和决赛，济南市科技局与起步区共同负责的北欧（匈牙利）赛区，共征集项目 306 个，项目数量较去年增长 43%，进入决赛阶段的项目数量位居海外赛区第一名。

（三）人才平台载体建设持续推进

1. 着力打造实验室体系。充分发挥高能级的平台优势，持续加大人才引进力度，初步形成由顶尖科学家领衔、优秀中青年科学家为骨干、博士硕士为基础的科研人才梯队。为进一步完善济南市科技创新体系，发挥市重点实验室在强化基础研究、应用基础研究、支撑产业发展及高端人才引进培养方面的重要作用，制定出台了《济南市重点实验室建设管理办法》，并开展了济南市重点实验室的备案工作。

2. 省国际顶尖科学家工作室建设有序开展。2021 年 12 月，济南市科技局推荐的齐鲁工业大学（省科学院）“莫罗激光技术工作室”成功获批全省首家山东省国际顶尖科学家工作室。研究起草市级支持政策和服务措施的意见，拟从人才引进、平台建设、成果转化、机制体制创新和资源投入等五个方面进行支持。支持工作室的高端人才及专家团队申报并获批国家、省、市各类项目十余项，获得支持资金上百万元。与高新区建立联络机制，高新区兑现激光所入区科研补贴 2840 万元。

3. 组织申报各类引智平台载体。推荐齐鲁工业大学申报国家 2023 年度“高等学校学科创新引智基地”，指导济南大学顺利通过“高等学校学科创新引智基地”验收，推荐圣泉集团和省科学院激光所申报 2023 年度国家引才引智示范基地，组织推荐申报 2022 年山东省离岸创新创业基地 4 家。

4. 持续擦亮引才“吸铁石”。人才竞争的关键是用人载体的竞争。好的用人载体就是一笔巨大的无形资产，对内产生凝聚力、鼓舞力和驱动力，对外产生影响力、竞争力和吸引力。实施海右人才工程，有利于完善一套人才引进使用、管理服务的机制，在一定范围内树立了招贤纳士的“一面旗”，发出了招才引智的“集结号”，形成聚集人才的“引力波”，从而构建吸引人才的“硅谷”和留住人才的“磁场”，形成“一石激起千层浪”的社会反响，开启“一花引来百花香”的人才发展局面，使海右人才工程成为更好地服务经济社会改革发展的活力因子。

（四）人才生态全面优化

深化“放管服”改革，提升行政许可服务水平。优化外国人来华工作许可办理程序，大幅缩减工作日时限，承诺接办件后 2 个工作日办理完毕，在全国副省级城市中位于前列。高端人才业务承诺当日办结、立等可取，根据人才需要可送证上门、服务到家。2022 年共办理高端人才确认函 71 件，涉及国外院士、教授和人才计划入选专家，为后续办理人才签证提供便利。创新管理模式，为人才提供全方位配套服务。坚持“申报必培训、评审必指导、答辩必辅导”工作模式，在各项人才计划申报、评审、答辩等各个环节，为人才提供全流程、精准化服务；健全完善“人才需求，部门报到”工作方法，落实企业和人才服务响应机制，及时呼应企业、科研机构和人才的需求。

三、 取得成效

济南市高度重视人才工作，以建设人才高地为目标大力实施人才优先发展战略，研究制定一系列人才政策，区域发展的人才优势持续放大。加大人才战略实施力度，打造了海右人才工作的品牌工程，取得了人才聚集的“虹吸效应”。2022 年，济南市各类人才净流入 15. 8 万人，人才资源总量突破 263 万人，城市人才吸引力不断提高。济南正成为越来越多人追逐梦想的首选之城。

（一） 人才效能稳步提升

引才育才的目的在于用好人才，推动广大人才在现代化建设中展现新担当新作为，把人才资源优势转化为创新发展优势，以更大人才优势厚植发展动能。济南市积极鼓励顶尖人才和领军人才主动承担国家和省重大科技创新任务，聚焦关键核心技术和前沿科技领域，开展原创性、引领性、基础性科技攻关，努力突破一批“卡脖子”技术难题，为坚决打赢关键核心技术攻坚战贡献智慧和力量。

（二）人才基础环境不断优化

人才竞争说到底是人才环境的竞争，经济发展水平、基础设施配套、人才发展平台等基础环境是人才环境的重要组成部分。人才的去留很大程度上取决于环境，人才作用的有效发挥也取决于环境。为引进和留住人才，济南市拿出真金白银，先后出台“人才政策双30条”“高校20条”等高含金量政策，对新引进的顶尖创新创业团队和各行业领军人才，最高给予1亿元综合补助；从人才落户、购房补贴、配套保障等细节入手，激励更多青年人才前来创业就业。例如，在国家超算济南中心科技园，济南市历城区打造了面积3000平方米的稼轩国际人才创业港，围绕超级计算等新一代信息技术及各行业应用领域，给予入驻初创团队注册登记“绿色通道”和一系列租金优惠政策，并提供全生命周期跟踪服务，集中孵化高层次人才创新创业项目。2021年，来自上海的赵俊豪博士带领团队创办的济南照蕴信息技术有限公司在创业港注册成立。“创业港为公司提供了办公场地和公共展厅，拎包入住的人才公寓解决了住房问题，精准扶持让我们安心于智慧产业领域的技术研发与产业化应用，目前公司已获得2项实用新型专利。”

海右人才工程，就是按照“你有多大才，就搭多大台”的理念，因人而异，因才而用，积极实施人才项目、搭建人才载体，为人才提供大显身手的用武之地。通过把人才引进、培养和使用与事业发展紧密结合，让各类优秀人才创业有机会、干事有舞台、发展有空间，使其尽情发挥自己的聪明才智，最大限度地释放创新创造活力，为人才实现自身价值提供广阔舞台，推动人才成长与事业发展同频共振、相得益彰。通过政策引才、产业兴才、平台聚才、事业留才，济南让广大人才在这里“发展有保障、生活不用愁、内心有归属”。

（三）人才新政释放聚才效应

顶尖人才、产业领军人才、青年人才等重大人才工程成为招才引智的“定海神针”，济南全力引进顶尖人才、产业领军人才、青年人才。严格落实各项人才待遇，高层次人才生活和租房补贴、博士后留济补贴、留学费用补贴等 7 项补贴实现常态化申报审核，2022 年 1—3 季度累计发放各类人才待遇补贴 1.79 亿元，真金白银给予人才租房补贴、科研资助等全方位支持保障。据智联招聘、泽平宏观发布《2022 中国城市人才吸引力排名》显示，济南人才吸引力指数在全国排名再升 1 个位次，又一次印证了济南对人才的超强吸引力。

人才的创造力，在很大程度上取决于关心人才和支持人才的力度。实施海右人才工程，通过对人才的引进、培育、使用和服务实行一系列特别倾斜的政策，把“特别的爱”给特别的人才，真金白银向人才投入，真心实意为人才服务，切实让优秀人才来得放心、干得舒心、留得安心。通过对纳入工程的人才建立特别扶助的机制，在科研管理、事业平台、人事制度、经费使用、考核评价、激励保障等方面提供优质服务、解决实际困难、解除后顾之忧，为人才施展才华助上“一臂之力”。通过创造必要条件，提供良好环境，让政策效应得到充分释放，使海右人才工程见到实实在在的成效，营造“近者悦远者来”的浓厚氛围，大兴识才、爱才、敬才、用才之风，形成汇聚四海英才的生动局面。

（四）精准引才助推产才融合

缺什么样的人才，就着力引什么样的人才。依托济南市产业人才地图，直观展现产业人才结构性矛盾、错配状况及紧缺指数，济南市开启“按图索骥”精准引才新模式，推动人才链与产业链科学匹配。发布了2022年全市重点产业“高精尖缺”人才需求调研报告和重点产业人才需求目录，面向博士后人才、高级工程师、技能人才等六类人才，共征集1208家重点企业人才需求3.4万人。开展“千名博士进企业”活动，征集用人单位30家，岗位100个。作为助推产业转型升级的关键人才，2022年1—3季度，技能人才流入8.48万人，其中高技能人才新增数量高于上年同期。除此之外，专技型人才、留学回国人才也有不同幅度增长。济南市以产聚才、以才兴产的良性循环成效显著。

（五）青年人才集聚效应显著增强

创新之道，唯在得人，特别重要的在得年轻人。济南市始终将优秀青年人才作为赢得未来的重要战略力量，坚持引育并举，实施青年人才工程，积极支持各类单位引进青年人才。持续整合优势资源，实现人才政策“最优加一点”。例如，济南市发布人才政策“双30条”，不但聚焦人才所急所需，还提供“金卡”服务、住房保障、子女入学、配偶随迁安置、医疗保健等暖心服务，不断优化创新资源配置，提升人才平台载体支撑水平。2023年以来，济南面向全国青年学子又推出30天公交地铁免费、30天三大景点免费、求职住宿7天免费等系列优惠政策，把人才的“关键小事”当成“头等大事”。政策上线以来，免费公交卡申领人数已超过16万，济南地铁线网承载大学生免费客运量近55万。济南对高层次人才和青年人才的青睐友好，让城市越来越有活力和创造力。

2022年1—3季度，青年人才成为流入人才的“主流”，45岁以下人才达22.3万，占流入人才总量的87.6%。在流入人才中，全日制专科以上学历型人才达19.04万，占流入人才总量的74.8%。作为具有全国影响力的城市揽才知名品牌，“才聚泉城”开启云端引才模式，开通了西北、淄烟威、东北等 8 条云端引才专线，举办三期市属国有企业“直播带岗”活动，累计接收简历近 13.9 万份。“才聚泉城”走进北京、西安、南京、杭州四城揽才，在中国人民大学等 21 所重点高校设立济南市人才工作联络站，聘请了 33 名高校师生担任“济南市招才引智大使”，累计与 98 所高校建立了战略合作关系。“才聚泉城”正成为扩大济南影响、助力智力崛起、推动人才兴城的系统工程。

综上，海右等系列重点人才工程的广泛实施和深入推进，必将为各类人才搭建多层次、多领域、全方位、高水平的服务载体和发展平台，成为吸引人才、感召人才、集聚人才、用足人才的重要阵地，推动各地广开进贤之路、广纳天下英才，为实现强省会建设目标提供强大的人才支撑和智力保障。

四、 典型案例

要深入贯彻落实习近平总书记关于人才工作的重要指示，挖掘济南市人才工作创新经验，发挥典型示范带动作用，以期能为济南市推进人才发展体制机制改革，创新人才培养、引进、管理、使用、激励、流动、服务机制，激发人才活力，促进高质量发展提供有益借鉴。

（一） 案例： 院士专家工作站打造济南 “最强大脑”

据不完全统计，截至 2023 年 3 月，济南市院士专家工作站共承担国家级重大科技项目 188 项，省级重大科技项目 640 项，市级重大科技项目 216 项，主持或参与国家或行业标准共计 352 项，申请或获授权的专利共计 4545 项，预计项目实施期内累计实现经济效益

420.86 亿元，有效促进了济南市经济社会高质量发展。

1. 全市柔性引才的新洼地。据不完全统计，近年来，济南市院士专家工作站共与驻济企事业单位开展国家级重大科技项目 188 项，省级重大科技项目 640 项，项目内容紧扣市重点产业布局，引进了济南市急需的高端人才及工作团队。华熙生物科技股份有限公司引进陈坚院士团队核心成员 10 余人，带动和培养企业高层次技术人才 30 余人，共同打造生物功能多糖研究基地，进行相关的产品开发、成果转化工作。项目团队针对透明质酸和硫酸软骨素生物制造，突破了透明质酸可控分子量发酵生产关键技术以及硫酸软骨素及其寡聚糖生物制造关键技术，助推企业在玻尿酸生产研究领域处于世界领先地位，有效推动济南市生物医药、医疗康养等产业增速发展。

2. 创新杠杆撬动产业新支点。近年来，各建站单位主持或参与国家或行业标准 352 项，申请或获授权的专利共计 4545 项，积极引导企业把落脚点放在院士专家团队创新赋能发展、知识产权成果实施转化上，联合同类型上下游产业进行具有知识产权项目的研发。山东伊莱特能源装备股份有限公司依托李依依院士专家团队组建院士工作站。企业在李院士团队的技术指导下，生产出直径 15.8 米、单体重 150 吨的奥氏体不锈钢巨型环锻件，采用了国际首创的金属构筑成形技术，创造了奥氏体不锈钢锻件单体重量新的世界工业纪录，打破了传统的制造方法，技术水平国际领先，直接提高了我国装备制造业的能力水平。

3. 转型发展释放新动能。据不完全统计，济南市院士专家工作站研发经费投入达 12.98 亿元，预计项目实施期内课题转化累计实现经济效益约 420.86 亿元，直接或间接助推济南市经济发展增速。济南法瑞钠焊接器材股份有限公司自引进俄罗斯工程院院士法特库林院士团队后，联合开发攻克了耐低温－60℃的新型高强钢药芯焊丝和FJ602Ni2焊丝及微烟环保型药芯焊丝焊接技术难题，实现了原有技术的转型升级，助力企业在2021年实现销售收入突破1.5亿元，实现了企业的转型发展。

4. 其他案例

（1）智能制造类。山东汇锋传动股份有限公司院士专家工作站引进中国工程院院士胡正寰院士及其团队，专业从事空心轴楔横轧成形关键技术研究与开发。胡正寰院士带领科研团队研发了“楔横轧＋精锻”成形工艺，实现楔横轧工艺与精锻工艺有机结合，形成全新制造工艺，开发出空心类传动系统零部件10多个种类，带动企业在全国空心轴类零部件加工生产技术变革，大幅提高半轴套管等空心轴类部件产品质量。建站后，公司共申请专利28项（其中授权16项），获省、市级科技奖3项，项目产品在中国国际金属成形展览会上获“锻件优质奖”。随着工作站的研究成果转化，研发形成的新产品新技术带来的收入大幅度提高，2021年实现销售收入2.7亿元，其中新产品收入2.1亿元，利税2500万元。公司通过建站快速推动了科技成果转化，2020年9月荣获“诚信建设示范企业”；2021年7月，时任山东省委书记刘家义莅临公司调研指导时，对公司院士工作站的创新发展工作给予了充分的肯定。

山东华凌电缆有限公司引进白俄罗斯国家科学院别谢茨基·斯特潘·斯捷潘诺维奇院士团队，围绕高端特种电缆料相关领域开展项目合作，先后取得了6项国家专利，其中发明专利3项。站点引进院士团队核心成员3个，带动和培养企业高层次技术人才10名。该站点围绕核电站、智能化轨道交通等领域电缆及材料开展技术创新，为企业实现经济效益8600余万元。通过技术合作创新，实现了新一代核电站电缆使用寿命达到 60 年以上，直接替代了进口产品，极大提升了企业的核心竞争力。下一步，该站点将围绕研发世界首条超低温电缆及新型高速列车用电缆进行技术升级，解决我国轨道交通领域高寒地区超低温电缆技术“卡脖子”问题。

金雷科技股份公司自 2021 年开始引进唐炳涛专家团队核心成员 4 名，带动和培养企业高层次技术人才 5 名，共同开展大型高性能海上风电主轴的研发和生产，陆续解决在大型高性能海上风电主轴成形过程中形性控制、性能不稳定、强韧不平衡、质量控制等方面的问题，取得了风电主轴组织精确调控及强韧化协同机理等 4 大机理创新。在项目的实施带动下，企业现在已实现经济效益 2668. 9 万元，突破了困扰该行业多年的技术瓶颈，创新性形成在风电主轴领域控形控性一体化成形技术、热加工全流程的质量控制技术等关键技术，共同取得 1 项山东省机械工业科学技术奖，成功申报 7 项专利。未来 3 年内，准备攻克 6MW（兆瓦）以上大型高性能海上异形孔风电主轴制备技术以及实现工艺优化。

（2）生物医药类。山东美貌制药有限公司自 2020 年 8 月引进凌沛学院士团队，研发领先行业的“透明质酸核心技术体系”，突破开发“全分子量玻尿酸应用研究与产业化”关键核心技术，申报发明专利 4 项。2022 年 4 月，“一种全分子量分布的透明质酸钠的制备方法与应用”研发成功，直接带动企业形成相关新产品二十余款，产品分子量从 2000 达到 200 万技术指标，实现了质的突破，帮助企业实现经济效益过亿元。未来，院士工作站在凌沛学院士指导下，积极与高校、科研院所进行产学研合作，实现科研平台建设；持续加大研发费用投入，大力培育自主知识产权，促进科技成果快速转化，保障院士工作站创新成果开发，助力公司产业化实现新跨越发展。

山东舜丰生物科技有限公司与美国科学院院士朱健康教授签署“植物基因编辑技术产业基地项目”合作协议。该站点围绕种业、农业产业链和大健康等领域，共同推动基因编辑这一革命性技术的产业化应用。重点围绕自主知识产权基因编辑核心工具 Cas12i 和 Cas12j 系统的开发及优化，填补了该领域的国内空白，打破了欧美等国家的技术垄断，帮助和带动企业项目申请专利 136 项。后期，该站点将继续以突破基因编辑技术卡点为目标，集中攻关优化自有基因编辑新工具，并应用于精准育种，高效培育高产优质、绿色高效、营养健康的优良品系，力争为我国生物育种产业带来突破。

（3）农业类。山东鲁研农业良种有限公司院士工作站是我省首家从事小麦育种研究的院士工作站，2021 年 12 月被济南市科协评为“济南市优秀院士工作站”。工作站组建了由赵振东院士领衔的小麦创新团队，在现代高效育种技术体系构建、欧洲种质资源创新、突破性新品种研发及重大成果培育方面实现较大突破，获得国家科技进步二等奖 1 项，培育出了具有自主知识产权的国审小麦新品种 4 个，省审品种 6 个，获得植物新品种权 10 项，其中“济麦 44”被评为“超强筋”小麦新品种，是我国优质强筋小麦育种的新突破，实打亩产 766. 62 公斤，创造了我国超强筋小麦最高纪录。截至目前，该品种累计推广面积超过 1200 万亩，成为我省第一大优质强筋小麦品种，有力提升了我国小麦种质和国家粮食安全。

济南正庄农业科技有限公司引进中国科学院地理科学与资源研究所研究员李文华院士及团队共 18 人，项目以生态农业和林果品种研发与应用为主攻方向。依托院士工作站，企业先后实施科研项目 7 项，完成 1 项林果新品种认证并取得林木良种证，培养创新人才 8 名。该项目的实施，推动企业获得“山东省农业‘新六产’示范主体”称号。在玖红1号苹果项目推广中，培养农业人才50余人，带动就业150人，当地村民每年增收5000—8000元，带动了周边区域产业升级与技术升级。未来几年，该站点将以生态农业和林果品种研发应用为主题，重点发展数字农业，积极研发选育抗病性和品质更强的具有国际品质的果蔬品种。

（二）案例：深耕济南“5150”代表梅敬成

山大华天软件首席技术官梅敬成，作为高端引进人才，十年前来到济南发展。当时，梅敬成享受到了济南市“5150”引才计划的扶持政策。他表示，十年前自己来济南，一是为了事业，同时也是由于济南有好的人才引进政策，对项目和个人而言，当时有经费的支持，使得事业有一个很好的起步。深耕济南十年，梅敬成在这里成就了自己的事业。而济南日益优化的发展环境、更加优厚的人才政策，让他从一名来济的创业者，变成了招徕人才的红娘。梅敬成表示，人才政策这十年以来有很多新的变化，比如说它的覆盖范围越来越广，从以前的高端人才到初级人才，招才引智的途径更多，每年有很多的论坛和研讨会进行招才引智这方面的讨论，把政策做得更好更完善。梅敬成也在不同的场合宣传济南的人才政策优势，通过自身的经历，把更多的人才吸引到济南来。

第六章　人才队伍建设情况

一、 济南市高层次人才队伍

高层次人才是在各个领域中的优秀人才，处于专业前沿，在国内外相关领域具有较高影响力，具备创新意识、创新能力、合作能力、敬业精神的新型人才。近年来，济南市全面落实人才强市战略，牢固树立“人才是第一资源”的理念，紧紧围绕高层次人才的“引、育、用、留”，全方位培养、引进、用好高层次人才，加快建设黄河流域人才集聚高地，综合科技创新指数连续四年名列全省第一，获评“2022 中国年度最佳引才城市”，入选“外国专家眼中最具吸引力的中国城市”。

（一）济南市高层次人才队伍概况

近年来，济南市深入贯彻落实党中央关于人才工作的决策部署，大力推进高层次人才工作创新发展，出台济南人才政策“双 30 条”及 60 个配套实施细则等，深入实施“海右”系列人才工程，为“强新优富美高”新时代社会主义现代化强省会建设提供坚强有力的人才智力支撑。

1. 高层次人才总量情况。济南市始终坚持高端引领，深度推进，聚焦全市重点产业，“一事一议”实施顶尖人才支持计划，采取特殊政策、灵活方式，引进和培养顶尖人才和团队。截至 2022 年底，济南市通过审核认定的 A 类人才共 25 人，B 类 127 人，C 类 701 人，D 类 2842 人，E 类 26389 人，各类高层次人才累计共 30084 人（表 6－1），高层次人才规模逐年扩大（图 6－1）。

表 6－1　2020—2022 年济南市高层次人才分类情况

年度	A 类	B 类	C 类	D 类	E 类	合计
2020 年	1	23	140	508	2197	2869
2021 年	4	36	176	707	5385	6308
2022 年	7	17	142	711	4727	5604
总量	25	127	701	2842	26389	30084

（数据根据济南市人才服务中心有关资料整理）

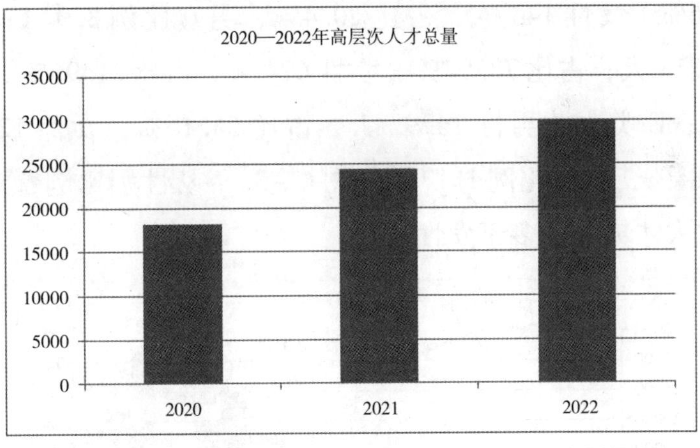

图 6－1　2020—2022 年济南市高层次人才总量情况

（数据根据济南市人才服务中心有关资料整理）

2. 年龄分布情况。从年龄分布看，济南市高层次人才平均年龄 39 岁，其中 A 类人才平均年龄 59 岁，B 类 51 岁，C 类 51 岁，D 类 49 岁，E 类 38 岁（图 6－2）。A 类至 E 类人才年龄逐级降低，高层次人才渐趋低龄化。其中，人数占比最多的 E 类人才平均年龄 38 岁，处于职业黄金期，具有较强的创新活力。

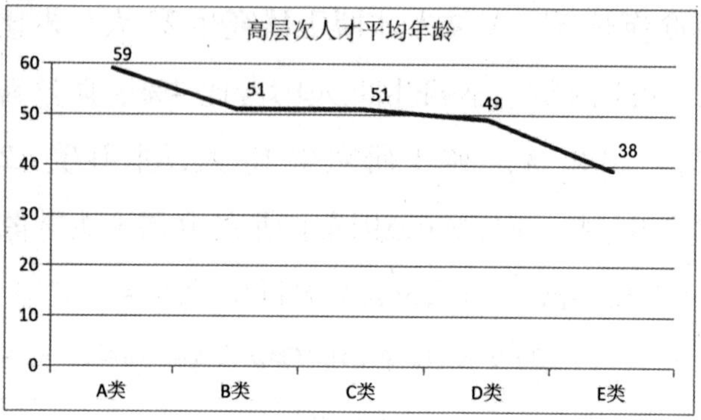

图 6－2　高层次人才平均年龄情况

（数据根据济南市人才服务中心有关资料整理）

3. 性别比例情况。A 类人才男性 23 人，占比 92%，女性 2 人，占比 8%，男女比例 11.5∶1；B 类人才男性 115 人，占比 90.55%，女性 12 人，占比 9.45%，男女比例 9.6∶1；C 类人才男性 558 人，占比 79.6%，女性 143 人，占比 20.4%，男女比例 3.9∶1；D 类人才男性 2218 人，占比 78.04%，女性 624 人，占比 21.96%，男女比例 3.6∶1；E 类人才男性 14292 人，占比 54.16%，女性 12097 人，占比 45.84%，男女比例 1.17∶1（图 6－3）。从性别比例看，A 到 E 类各层次人才男性均多于女性。

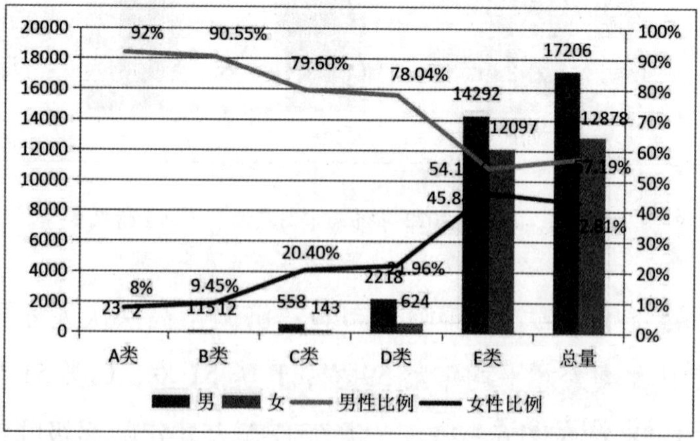

图 6－3　济南市高层次人才性别比例

（数据根据济南市人才服务中心有关资料整理）

4. 学历分布情况。A类人才博士研究生22人，占比88%，硕士研究生1人，占比4%，本科生1人，占比4%；B类人才博士研究生98人，占比77.17%，硕士研究生13人，本科生13人，分别占比10.24%和10.24%；C类人才博士研究生325人，占比46.36%，硕士研究生78人，占比11.13%，本科生254人，占比36.23%；D类人才博士研究生873人，占比30.72%，硕士研究生560人，占比19.7%，本科生1144人，占比40.25%；E类人才博士研究生1891人，占比7.17%，硕士研究生19289人，占比73.09%，本科生4949人，占比18.75%。从学历分布看，高学历人才占比较高（图6－4）。

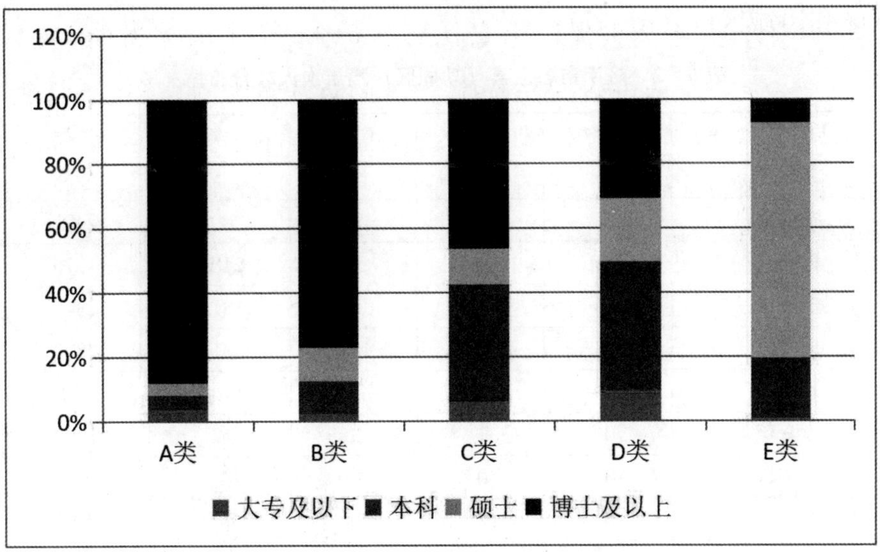

图6－4　济南市高层次人才学历分布情况

（数据根据济南市人才服务中心有关资料整理）

5. 专业分布情况。A类人才均为某领域的顶级科学家，主要集聚在药学、计算机科学与技术、应用力学、水利工程、机械工程、城市规划、无机非金属材料等专业；B类人才主要集聚在材料科学与工程、工商管理、电力系统及自动化、电气工程、分析化学、物理化学等专业；C 类人才主要集聚在中国语言文学、工商管理、教育学、教育管理学、药物化学等专业；D 类人才主要集聚在工商管理、经济管理、机械制造自动化、金融学、机械制造工艺与设备等专业；E 类人才主要集聚在工商管理、土木工程、建筑与土木工程、会计学、机械制造自动化等专业。

6. 区县分布情况。A 类人才主要集聚在历下区、高新区和市中区；B 类人才主要集聚在高新区、历城区和历下区；C 类人才主要集聚在历城区、高新区和历下区；D 类人才主要集聚在高新区、历下区和市中区；E 类人才主要集聚在高新区、历下区和历城区（表 6－2）。从区县分布看，高层次人才分布较密集的区县是高新区、历下区和历城区（图 6－5）。

表 6－2　济南市各区县（功能区）高层次人才分布情况

区县（功能区）	A 类	B 类	C 类	D 类	E 类
历下区	8	23	138	585	6265
市中区	4	11	74	309	2497
槐荫区	2	2	56	210	1316
天桥区	0	4	35	181	2347
历城区	4	36	163	281	2809
长清区	0	8	26	116	781
章丘区	0	1	20	117	1102
济阳区	0	0	6	41	150
莱芜区	0	8	28	78	544
钢城区	0	4	11	36	247
平阴县	0	1	6	38	245
商河县	0	0	5	28	82
高新区	7	29	130	697	7740
南山区	0	0	3	39	219
起步区	0	0	0	7	45

（数据根据济南市人才服务中心有关资料整理）

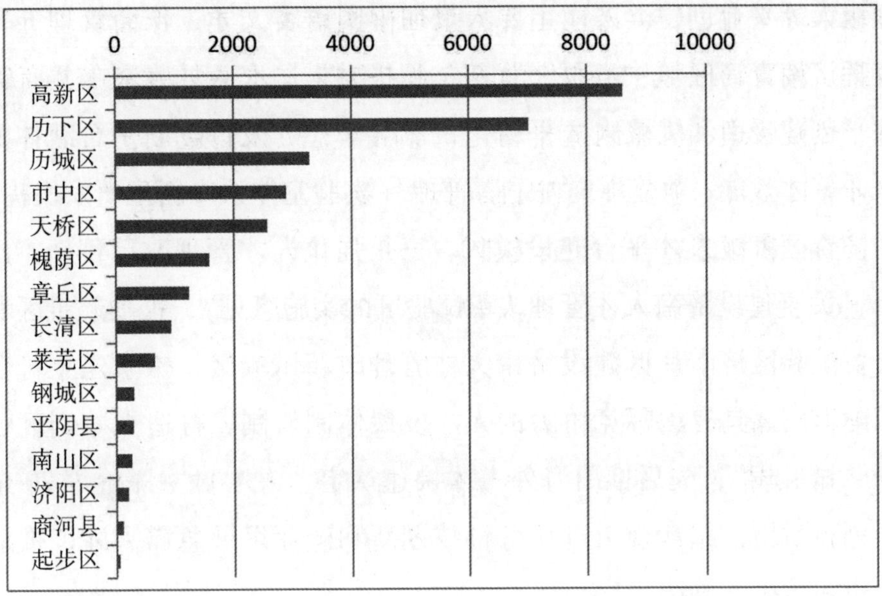

图 6－5　济南市高层次人才区县（功能区）分布情况
（数据根据济南市人才服务中心有关资料整理）

（二）济南市高层次人才队伍建设的实践探索

济南市紧抓战略机遇，把人才工作放进国家人才发展战略中思考谋划，不断实施创新举措，推动全市各级聚焦党管人才、党爱人才、党兴人才、党聚人才，实现人才工作高起点谋划、高规格推进、高效率落实。

1. 创新人才政策体系。一是强化人才政策支持创新。研究出台济南人才政策“双 30 条”及 60 个配套实施细则，聚焦人才服务保障、人才队伍建设、高校院所建设、校地合作、研发机构建设、人才生态等方面，推出更具含金量的政策措施，特别是在一流人才队伍建设方面，着眼于增强科技竞争力和城市发展软实力，进一步优化升级了青年人才、产业人才支持政策，增加了哲学社会科学类人才政策，支持方式更加精准，政策体系更加完善。二是助力济青国家级人才平台创建。济南市深入贯彻落实省委人才工作会议“充分发挥济南青岛区域中心城市优势，积极融入国家人才发展布局，高水平创建吸引和集聚人才平台”的指导思想，发挥创新平台载体的引才聚才效能，确定了“中科系平台 + 实验室体系 + 新型研发机构”的济青国家级人才平台建设模式。三是强化人才管理改革创新。出台《关于建设济南人才管理改革试验区的实施意见》，推动起步区和自贸试验区济南片区建设济南人才管理改革试验区，探索建立符合国际惯例、具有国际竞争力的人才发展体制机制，打造人才制度创新“试验田”，先后推出海外人才快速认定、人才自主评价等 20 余项创新举措，超常规引进培育科技创新和产业发展急需人才，推动全市人才生态持续优化。

2. 创新高端人才引育模式。突出“高精尖缺”导向，坚持引育并重，统筹推进各类科技人才队伍建设。加快重大创新平台建设，形成“项目 + 平台 + 成果”的人才引育模式，引进王秋良、顾瑛、吴一戎等 20 余名“两院”院士团队，推动济南清陶新能源科技有限公司、山东微波电真空有限公司等一批孵化企业技术创新能力大幅提升。主动承担国家重大科研任务，实施“带土移植”人才引育，侧重“团队 + 项目”集成式引进，将高端人才连同团队、项目、技术等多种创新要素整体打包引进，促进联合开展技术攻关、科技成果转化。

3. 打造中科院济南科创城等创新平台。一是持续深化与大院大所合作。集聚 15 家“中科系”院所在济建设研发机构，引进布局了一批大科学装置和高能级研发平台，柔性引进院士 20 人、高端科技人才近 2000 人。电磁院、光物院、空天院等“中科系”院所，2022 年新聘用 600 余人，其中 985、211 高校博士硕士毕业生超过半数，济南已成为全省科技创新的重要承载区。二是充分发挥高能级的平台优势。为进一步完善全市科技创新体系，发挥重点实验室在强化基础研究、应用基础研究、支撑产业发展及高端人才引进培养等方面的优势，制定出台了《市重点实验室建设管理办法》，初步形成由顶尖科学家领衔、优秀中青年科学家为骨干、博士硕士为基础的科研人才梯队。三是高标准构建实验室体系。2022 年，新获批 5 家全国重点实验室，建设泉城实验室、微生态生物医学、粒子科学与应用技术 3 家省级实验室；新获批省级重点实验室 10 家，累计达 112 家，新备案市重点实验室 97 家，国家、省、市三级实验室体系初见雏形。

4. 人才生态全面优化。一是深化“放管服”改革，提升行政许可服务水平。优化外国人来华工作许可办理程序，大幅缩减工作日时限，承诺接办件后 2 个工作日办理完毕，在全国副省级城市中位于前列。二是强化市场化引才机制创新。2021 年成功获批全国第 20 家、省内第 2 家国家级人力资源服务产业园，建成全国人力资本服务产业园。创新推出以身价为基础的“人才有价”融资模式，建立全国人力资本产业公共服务平台。成立济南高层次人才发展促进会，搭建政府和高层次人才、用人单位沟通对接的桥梁纽带，广泛开展招才引智、以才引才工作。济南“人才赋能”制度改革荣获“中国改革 2020 年度十佳案例”。三是创新管理模式，为人才提供全方位配套服务。坚持“申报必培训、评审必指导、答辩必辅导”工作模式，在各项人才计划申报、评审、答辩等各个环节，为人才提供全流程、精准化服务；健全完善“人才需求，部门报到”工作方法，落实企业和人才服务响应机制，及时呼应企业、科研机构和人才的需求。

（三）关于济南市高层次人才队伍建设的对策建议

1. *深入推进高层次人才计划实施。*做好火炬计划、国家高层次人才特殊支持计划、国家海外优青计划等国家级人才计划申报推荐；做好泰山学者工程、泰山产业领军人才工程、山东省优秀青年科学基金项目（海外）、省外专双百计划等的申报推荐及管理服务工作；为济南市引进、培育一批高层次人才，充分发挥高层次人才的引领示范带动作用，努力为济南市打造一支专业水平领先、创新活力强劲、覆盖重点产业领域的高层次人才队伍。

2. *实施外籍人才来济便利措施。*在国家许可范围内，积极争取上级支持，面向重点行业、重点领域，有针对性地引进经济社会发展紧缺急需的外籍高端人才和专业技术人才。对确有需要、不可替代的外籍技能人才，放宽学历学位、工作年限等限制，进一步提升服务质量，集聚更多外籍人才。

3. *及时修订完善高层次人才专项政策措施。*完善济南市引进顶尖人才“一事一议”、海外高层次人才快速认定举荐、产业领军人才支持工程等人才政策，制定出台更多符合济南市产业发展规律、满足济南市人才引进需求的人才政策，更科学、更规范地为济南市经济社会发展引进更多高层次和急需紧缺人才。进一步开展政策落实及项目对接工作，将科技人才的引进培育前置到拟落地项目中，不断强化科技人才的招引意识，牢固树立与现代高精尖技术发展相适应的科技人才队伍建设意识。同时，在人才工程申报过程中，通过科技人才政策广泛宣讲与人才一对一指导相结合的辅导形式，切实提升科技人才政策的知晓度和人才工程申报材料整体质量，进一步增强全市各单位、科技企业对人才的重视程度。

4. *深入实施市级重点人才工程。*深入实施产业领军人才支持工程、济南市引进顶尖人才“一事一议”计划等项目，对人才培养和引进“双管齐下”，突出“高精尖缺”导向，大力引进集聚高层次创新创业人才和重点产业紧缺人才。围绕考核指标，完善人才激励措施。通过实地沟通和多种媒体交互的方式向科技企业及高校、科研院所等机构宣传济南市创新创业政策，不断扩大政策知晓度和影响力。加大交流培训，组织重点实验室、技术创新中心、新型研发机构之间进行相关交流、学习活动，相互借鉴运营、经营模式等，尤其是向先进企业或其他省市的研发机构平台学习先进经验。

5. 优化工作机制形成工作合力。对于高层次人才引育，尤其是针对国家级人才，应加大对区县、重点高校、重点企业、科研院所、新型研发机构等单位、平台的考核力度和配套支持力度，进一步调动工作积极性，形成工作合力。

二、济南市属企业管理人才队伍

企业家是市场主体的领导者，成功的企业家对经济社会发展的贡献是不可估量的，建设优秀企业家队伍，营造企业家健康成长环境，更好发挥企业家作用，对构建新发展格局、建设现代化经济体系、推动高质量发展具有重要意义。近年来，济南市高度重视企业家和企业人才队伍建设，深入实施人才强市和人才强企战略，大力实施“名企名牌名家”三名工程，组织开展“树名企、创名牌、育名家”系列活动，统筹推进企业家、经营管理人才建设，加大泰山产业领军人才培育力度，着力造就一支高素质、职业化的新时代企业家队伍。

（一）济南市属企业管理人才队伍概况

在近年的国资国企改革中，济南市牢牢抓住“人才”这一核心要素，大胆改革国企选人用人机制，健全完善企业家队伍建设机制和优秀企业家激励机制，先后出台了《关于推进国有企业领导体制和组织管理体系改革创新的若干措施》《济南市属企业领导人员管理规定》《关于加强企业家队伍建设的意见》等系列制度措施，通过市场化方式选聘了一批企业高级管理人员，市属企业管理人才队伍不断发展壮大。

1. 市属企业管理人才结构不断优化。本文以 2022 年济南市国资委出资的 13 家市属一级企业和市财政局出资的 4 家市属一级金融类企业管理者现状为样本进行系统分析，为进一步推动市属企业管理人才队伍高质量发展，完善人才管理体制机制提供决策参考。

（1）年龄结构情况。2022 年，17 家市属一级现职企业领导班子成员共 126 人。其中，正职领导人员 34 人，副职领导人员 92 人。126 名领导人员中，最大年龄 59 岁，最小年龄 38 岁，平均年龄 52 岁。其中，“60 后”占比 51.39%，“70 后”占比 44.88%，“80 后”占比 4.73%（图 6－6）。

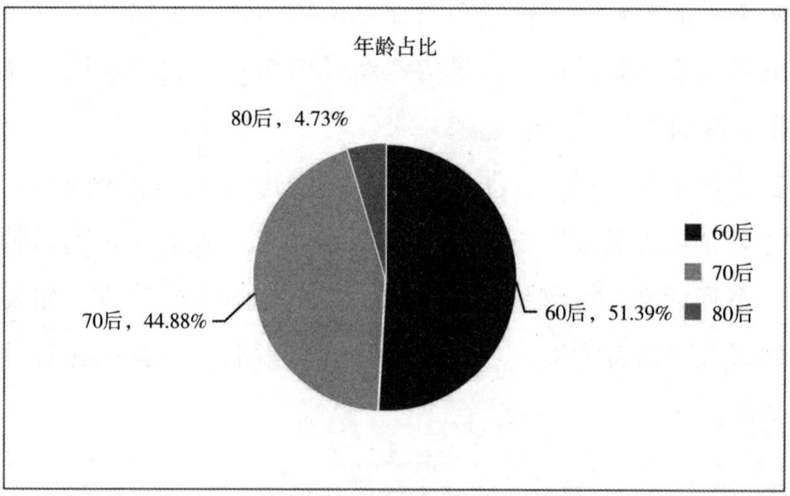

图 6－6　市属企业管理人才年龄结构

（数据根据济南市政府国有资产监督管理委员会有关资料整理）

（2）学历结构情况。126 名领导人员中，本科学历占比为 48.03%，硕士研究生学历占比为 45.67%，博士研究生学历占比为 3.15%（图 6－7）。

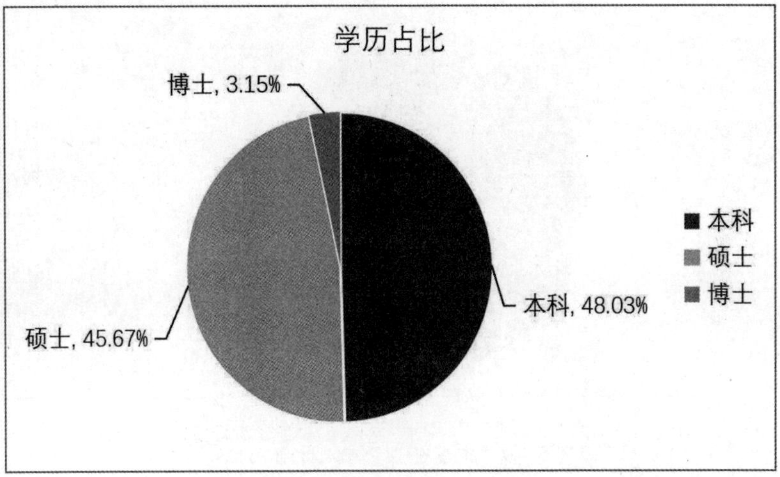

图 6－7　市属企业管理人才学历结构

（数据根据济南市政府国有资产监督管理委员会有关资料整理）

（3）来源渠道情况。126 名领导人员中，46 名由企业内部培养，80 名来自机关事业单位（图 6－8）。

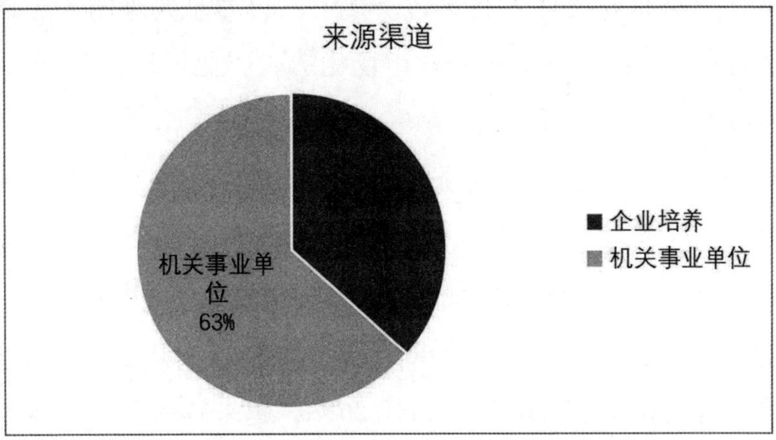

图 6－8　市属企业管理人才来源

（数据根据济南市政府国有资产监督管理委员会有关资料整理）

（4）性别比例情况。126 名领导人员中，14 名女性，112 名男性（图 6－9）。

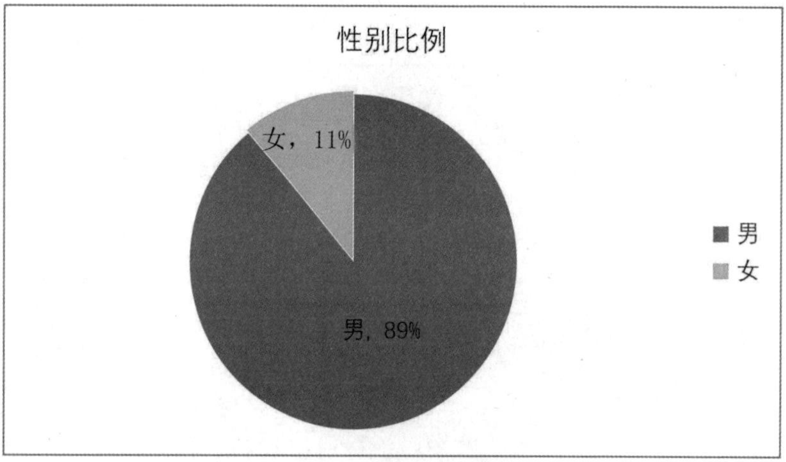

图 6－9　市属企业管理人才男女比例

（数据根据济南市政府国有资产监督管理委员会有关资料整理）

2. 高素质职业经理人引进机制不断完善。按照建立现代企业制度要求，济南市积极构建高素质职业经理人引进机制，面向社会公开选拔国有企业高级经营管理者。截至 2022 年底，17 家市属一级企业市场化选聘职业经理人共 6 名，其中，聘为总经理的 3 名，聘为副总经理的 3 名。商业类子企业市场化选聘职业经理人 23 名，企业高素质职业经理人引进机制不断完善。

3. 中层（正职）管理人员培养成效显著。企业总部与二级企业层面均有明显表现。

（1）企业总部层面。集团中层部室正职负责人共 174 名，均为大学专科以上学历，平均年龄 46.7 岁。其中，“60 后”占比 12%，“70 后”占比 62%，“80 后”占比 26%，越来越多年富力强的“70 后”和“80 后”走上领导岗位。

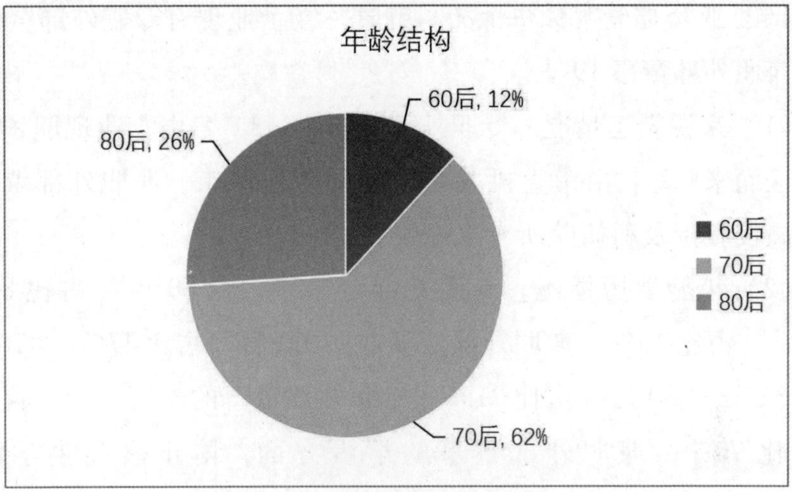

图 6－10　市属企业总部层面管理人才年龄结构
（数据根据济南市政府国有资产监督管理委员会有关资料整理）

（2）二级企业层面。二级企业层面主要负责人共 215 名，均为大学专科以上学历，平均年龄 52 岁。其中，“60 后”占比 41%，“70 后”占比 45%，“80 后”占比 14%。

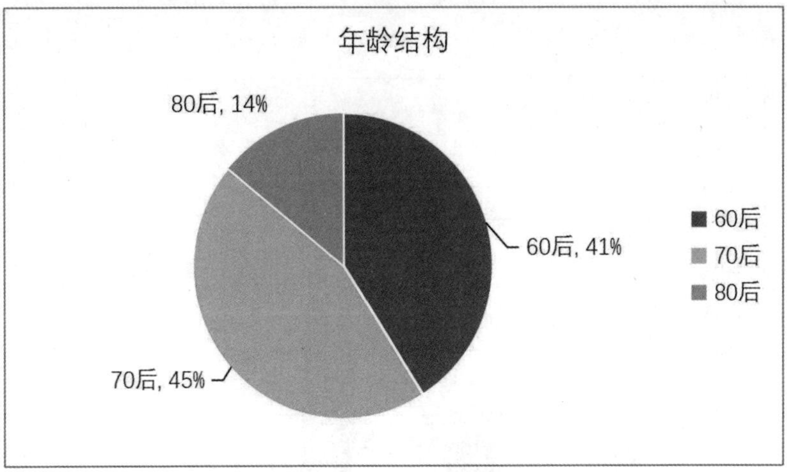

图 6－11　市属企业二级企业层面管理人才年龄结构
（数据根据济南市政府国有资产监督管理委员会有关资料整理）

4. 企业外部董事队伍情况。市属一级企业现有专职外部董事 13 人，兼职外部董事 19 人。

（1）来源渠道情况。专职外部董事中，11 名由企业现职领导人员转任而来，2 名由市直机关处级干部转任而来；兼职外部董事主要由高校教授及科研院所专家组成。

（2）年龄学历情况。专职外部董事中，“60 后”占比 85%，“70 后”占比 15%。兼职外部董事中，“60 后”占比 47%，“70 后”占比 32%，“80 后”占比 21%。专职外部董事的学历方面，党校学历占比 70%，兼职外部董事的学历方面，博士研究生学历占比 63%。

5. 各类高级职称（资格）人才队伍。济南市属企业现有博士研究生 23 人，硕士研究生 2399 人，大学本科生 18471 人（图6－12）；拥有正高级职称 176 人，副高级职称 1930 人，高级工程师 2449 人（图 6－13）；享受国务院政府特殊津贴 4 人，市级以上人才称号 35 人，齐鲁首席技师 18 人，通过市级认定的各类高级职称资格人才 2089 人。

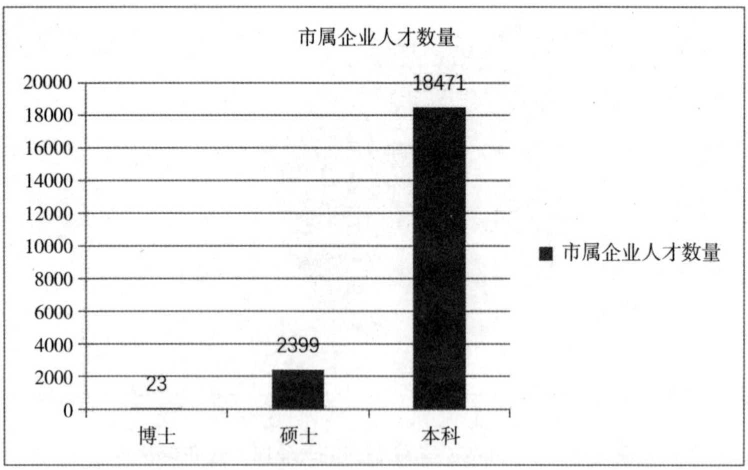

图 6－12　2022 年市属企业人才队伍学历情况

（数据根据济南市政府国有资产监督管理委员会有关资料整理）

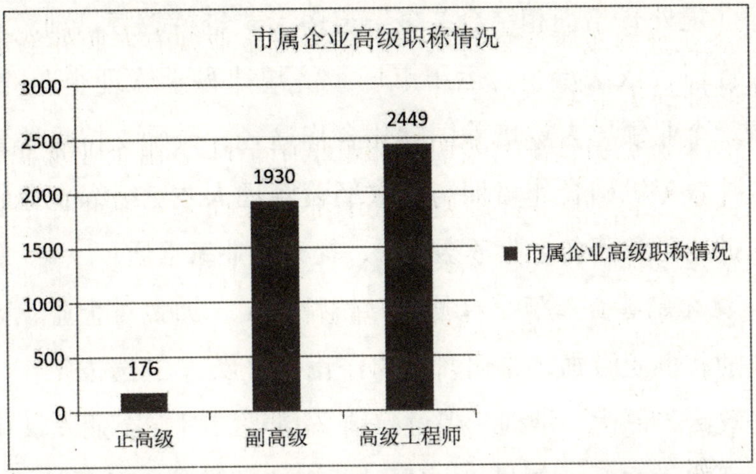

图 6－13　2022 年市属企业高级职称情况

（数据根据济南市政府国有资产监督管理委员会有关资料整理）

（二）济南市属企业管理人才队伍建设的实践探索

一直以来，济南市高度重视企业管理人才队伍建设，积极采取措施，强化企业家队伍建设，充分发挥企业家在推动企业发展中的带头引领作用，助推实体经济高质量发展。

1. 构建高素质企业领导人员引进机制。按照建立现代企业制度要求，加大国有企业领导人员市场化竞争性选拔力度，把党管干部原则和董事会依法选择经营管理者结合起来，面向社会公开选拔国有企业高级经营管理者。全方位引进人才，充分发挥柔性引才机制的作用，积极为高层次、复合型、急需紧缺的经营管理人才争取倾斜政策，放宽条件，简化手续，对外引外聘企业领导人员实行年薪制、个人特殊社会保险等多种分配方式，不断提高企业对人才的吸引力，鼓励企业领导人员以多样化形式为企业服务。

2. 建立常态化企业领导人员培训体系。创新培训内容，采取集中培训与个人自学相结合，专家授课与实地考察相结合，国内培训与国外（境外）培训相结合，多渠道多形式进行教育培训。着重提高企业管理者依法治企、运用市场经济规律科学管理企业的能力。积极探索企业领导人员培养国际化合作途径，鼓励支持重要骨干企业与国外教育机构合作培训高层次经营管理人才。组织企业领导人员到先进地区和著名企业考察学习，提升企业家素质。

3. 健全完善企业领导人员激励保障机制。加大对企业领导人员精神鼓励和事业激励，深化开展“济南企业英才”选拔工作，认真落实好政治、评优、培训、保健等有关待遇，对在企业发展中作出突出贡献的优秀企业领导人员及时予以表彰奖励。注重事业激励，根据企业领导人员的德才表现和资质状况，为其施展才干提供舞台，创造条件。进一步修订完善《济南市市属监管企业负责人经营业绩考核暂行办法》及相关配套制度，提高考核科学性，充分发挥业绩考核评价对企业家的激励功能。

4. 畅通联系服务企业领导人员渠道。积极与相关单位配合，通过参与“百家兴百企、百企兴百业”行动、参与“名家带学、名企带进”活动、成立“济南企业家发展促进会”等措施，畅通与市委、市政府信息沟通，及时把党和国家的方针政策与市委、市政府的决策部署传递给企业领导人员。建立沟通渠道，搭建与企业领导人员联系、为企业领导人员服务的平台，及时了解企业家所思、所需、所盼，帮助解决问题，支持企业家干大事、干成事。

（三）关于济南市属企业管理人才队伍建设的对策建议

党的二十大提出，国有企业担负着推进中国式现代化建设的重大使命。一方面，要坚持党对国有企业的领导不动摇，落实党组织在企业决策、执行、监督各环节的权责。另一方面，要形成有效制衡的公司法人治理结构，推动企业真正按市场化机制运营。要实现上述要求和任务，需要进一步完善监管治理体系，实现“管资本”与“管人、管事”的高度统一，通过深入实施经理层任期制和契约化管理（任契管理），推进市属企业人力资源的市场化改革进程。

1. 完善选用评价机制，建立“双达标”的干部评价制度。当前选用和评价干部人才，以组织部门日常掌握和年度班子综合考核为依据，通常采取问卷调查、个别谈话、民主评议等侧重于为干部定性的“画像”方式，对于工作业绩的考量则以出资人核定的企业经营业绩考核结果为主要参考。这种模式在定量方面更加侧重于领导班子整体功能的发挥，依据的经营业绩考核结果主要是对企业整体经营状况的评判，而非对管理人员个体绩效目标完成情况的考量。为了更加精准、更加科学地考察干部，应建立个人经营业绩考核和综合考核评价“双达标”的干部人才评价机制，两者权重应各占50%，个人经营业绩考核要以定量指标为主，应当涵盖经济效益类、经营管理类、风控合规类、科技创新类、重点任务类等指标，实现岗位职责与企业整体绩效目标的有效衔接，同步调整领导班子成员综合考核评价权重，确保两者综合后的结果作为领导班子成员选拔任用、培养锻炼、管理监督、激励约束和能上能下的重要依据。

2. 创新干部人才管理方式，全面推行任契管理。任契管理作为深化企业人事制度改革的重要举措，目的就是推动国有企业更好地适应市场竞争需要，加快从传统的“身份管理”向市场化的“岗位管理”转变。一是探索在更宽领域、更深层次对企业管理人员推行具有任期制和契约化特征的管理方式。在继续深入推进各级经理层成员任契管理的基础上，探索对董事长、党委副书记和纪委书记等非经理层班子成员实施任期制和契约化管理，建立体现岗位特点的市场化管理机制，探索推行中层管理人员任契管理，强化中层干部市场意识和契约精神，激发各类人才的积极性、主动性和创造性。

二是统筹做好干部选拔任用与任契管理的衔接。牢固树立重业绩、重担当的选人用人导向，注重岗位历练的多样性，重用那些经历过重大项目建设、承担改革“硬骨头”的企业磨炼，从一线成长起来的优秀管理人才；注重提高组织选拔的质量，在平时掌握的基础上，更加注重听取出资人的意见建议，更加注重个人经营业绩考核目标的完成度和完成质量；强化任期观念，干部不再是“终身制”一选到底、一用到底，全部三年一个任期，到期重置归档，根据任期考核结果评定是否续聘、解聘或者晋升更高职位，不断破除看身份、看级别的传统观念，树立看岗位、看贡献的市场导向。同时，任期内要保持管理人员的相对稳定，避免不必要调整，可以心无旁骛谋发展。三是加强对纳入任契管理范围干部的监督。一要把好入口关，坚持把政治监督放在首位，对纳入任期制和契约化管理的干部人才，列出失职失责、违规违纪等负面清单，对政治不合格的一票否决。二要加强过程监督，通过开展综合考核评价、任中经济责任审计以及听取出资人对其所在企业经营情况意见建议等方式，深入了解干部人才表现，用好提醒、函询、诫勉等方法。三要强化退出监督，在离任前要就党风廉政情况征求纪检监察机构意见，就人事档案开展离任前审核，对违反规定、未履行或未正确履行职责而造成国有资产损失或其他严重不良后果的，严肃追究责任。

3. 优化业绩考核机制，建立以量化考核为主的绩效目标体系。业绩考核是深化企业劳动分配制度改革的关键举措，科学精准的绩效考核则是激发经营管理人才内生动力的重要手段。优化绩效目标体系，制定具有科学性、挑战性的契约目标，直接决定了管理人员努力的方向和高度，直接影响考核结果能否真正刚性兑现。一要制定科学化、体系化的契约目标。坚持 KPI（关键绩效指标）与 OKR（目标与关键成果法）相结合，以 KPI 为主构建科学全面的考核体系，根据企业功能分类实施分类考核。同时，对不同岗位的管理人员，要抓住关键岗位职责，实施“一人一书两合同”（岗位聘任协议书、任期和年度经营业绩责任合同）的目标考核，精准到人、精准到岗。内容主要包括任期期限、岗位职责、权利义务、业绩目标、薪酬待遇、退出规定、责任追究等，通过白纸黑字的契约，让每位管理人员清楚自己“要干什么”“有什么权利”“干好干坏有什么后果”。二要探索建立“摸高”机制。科学设定 T1、T2、T3 三大绩效目标，其中，T1 为门槛目标，按上年度完成值设置；T2 为正常目标，按年度预算值设置；T3 为挑战目标，在预算基础上进一步“摸高”，鼓励管理人员挑战历史最高水平，推动企业高质量发展。三要注重年度和任期经营业绩考核目标的有效衔接。明确不同周期的考核定位和要求，任期考核重点关注价值创造、中长期发展战略、风险控制等内容。年度考核要有效分解和承接任期经营业绩目标，更加突出发展的质量和效益。

4. 深化薪酬分配制度，建立与经营业绩相挂钩的激励约束机制。坚持市场化改革方向，深化差异化薪酬分配原则，强化业绩考核与薪酬分配紧密联动，管理人员薪酬与企业经济效益、个人业绩考核结果“双挂钩”，做到“业绩升、薪酬升，业绩降、薪酬降”，持续提升薪酬分配的激励约束作用。一要坚持薪酬与业绩直接联动。在契约中明确业绩贡献与薪酬兑现的关联规则，使薪酬向承担重要任务、发挥巨大作用的人员倾斜，探索薪酬由按照薪酬标准月度预发向按月度考核发放转变，真正体现“业绩是干出来的，薪酬也是干出来的”价值导向。二要推动薪酬刚性兑现。严格按照契约约定刚性兑现薪酬，对年度考核结果不合格的，扣减当年全部绩效年薪；对超额完成考核目标任务或作出突出贡献的，该奖就奖，确保激励到位，合理拉开同一层级成员间薪酬差距，打破“高水平大锅饭”。

三要灵活开展多种中长期激励。对高管人员灵活开展中长期激励，积极推动科技型企业对高管人员和核心技术人才开展股权和分红激励，不断丰富完善薪酬结构。四要制定“薪酬延期支付+追索扣回”机制。对给企业造成重大经济损失或重大不良影响的，其相应期限内兑现的绩效年薪、任期奖励及其他中长期激励收入部分或全部追回，并止付其余未支付部分。

5. 健全退出机制，建立更坚决、更刚性的岗位退出制度。推行任期制和契约化管理，最关键的约束就是刚性退出，不仅要实现收入“能增能减”，更要实现岗位“能上能下”。一是明确退出条件。加强任期内的考核和管理，设置明确的退出底线，一旦触发这些底线，就要据实解聘。二是按照前述“双达标”考核机制，组织部门牵头组织的班子成员年度考核未达标或者成员个人经营业绩年度考核连续 2 年未达标者，都应即时进行岗位调整或者解聘退出。三是进一步规范退出管理。进一步完善转岗、待岗以及市场化退出等机制，促进管理人员正常更替，人岗相适，推动管理人员“能上能下”成为常态。

6. 稳妥推进职业经理人队伍建设，健全匹配国企属性的职业经理人制度。随着国企改革的深化和经营管理模式的现代化需求变革，要在经理层这一重要生产要素的配置中同步推进市场化，稳妥推进职业经理人队伍建设，探索“业绩薪酬双对标、与企业利益共享风险共担”的激励约束机制，建立健全更符合市属企业属性的职业经理人制度。一要分类完善工资总额管理方式。探索采用工资总额与企业经济绩效相挂钩的改革方式，实行市场匹配型薪酬水平策略，建立企业职工工资增长与企业经济效益增长紧密挂钩的工资总额决定机制，采取备案制和周期工资总额预算管理方式，以上级股东单位间接调控为主，逐步落实企业分配自主权。二要充分落实董事会向经理层授权机制。建立董事会向经理层授权清单，由董事会依法明确对经理层的授权原则、管理机制、事项范围、权限条件等主要内容，保障经理层依法行权履职，落实职业经理人决定聘任或者解聘管理人员等各项职权，确保各治理主体不缺位、不越位，不相互替代、不各自为政。三要科学设定薪酬结构和薪酬水平。当前市属企业经理层成员的薪酬结构采用“基本年薪 + 绩效年薪 + 任期激励”的形式，通过职业经理人改革，在此基础上增加中长期激励，形成“多元市场化薪酬结构”。增加的中长期激励比绩效年薪更加关注职业经理人的“留人”效果，有利于将个人利益与企业长远利益相结合，从而规避国企职业经理人为了在任期结束前获取绩效收益而进行一些短期投资行为。同时，进一步探索项目跟投、超额利润分享、虚拟股权等多样化的激励工具，通过项目跟投，抓住关键岗位经理人的创新活力，通过超额利润分享，提升经营团队对企业经营的贡献能力，通过虚拟股权，增强核心团队的凝聚力和战斗力，在企业和职业经理人之间建立起利益共享、风险共担的长期稳固的发展战略关系，形成职业经理人的向心凝聚力。四要强化动态管控。董事会每年对职业经理人履约情况进行评估，年度考核和任期考核结果作为续聘或者解聘的主要依据，聘任协议终止，劳动合同一并终止。同时，建立预警分析机制，持续优化“季度考核 + 年度评估 + 任期评估”动态管理体系，实施月度监控、季度考核，重点分析业绩指标未完成原因并采取措施，强化业绩对标与薪酬对标结果运用，将职业经理人的收入与承担的责任、经营的风险挂钩，强化经理人的责任意识和风险意识。

三、 济南市技能人才队伍

劳动者素质对一个国家、一个民族的发展至关重要。当今世界，综合国力的竞争归根到底是人才的竞争、劳动者素质的竞争。习近平总书记指出，各级党委和政府要高度重视技能人才工作，大力弘扬劳模精神、劳动精神、工匠精神，激励更多劳动者特别是青年一代走技能成才、技能报国之路，培养更多高技能人才和大国工匠，为全面建设社会主义现代化国家提供有力人才保障。济南市作为全国重要的工业制造业中心，是全国拥有工业门类最多的城市之一，技能人才在各个岗位上的作用越来越重要。近年来，济南市深入实施“济南工匠”建设工程，大力弘扬劳模精神、劳动精神、工匠精神，厚植工匠成长“沃土”，搭建技能人才建功“舞台”，加快推动技能人才队伍建设与社会需求精准对接、与国家发展同频共振，致力于培养一支契合泉城特色的高技能人才队伍。

（一）济南市技能人才队伍概况

党的二十大报告指出：“培养造就大批德才兼备的高素质人才，是国家和民族长远发展大计。”近年来，济南市大力弘扬和传承精益求精的工匠精神，不断加强高技能人才队伍建设，提高技能人才培养质量，更好地服务全市经济结构转型升级。

1. 技能人才总量及技能等级分布情况。2022 年，济南市技能人才总量为 70.01 万人。从技能等级占比看，一级（高级技师）1.4 万人，占比 2.01%；二级（技师）共 5.07 万人，占比 7.25%；三级（高级工）共 22.43 万人，占比 32.04%；四级（中级工）共 27.49 万人，占比 39.26%；五级（初级工）共 13.62 万人，占比

19.45%（图6－14）。随着济南产业不断发展壮大，技能人才队伍总量也不断扩大，人才素质稳步提升。

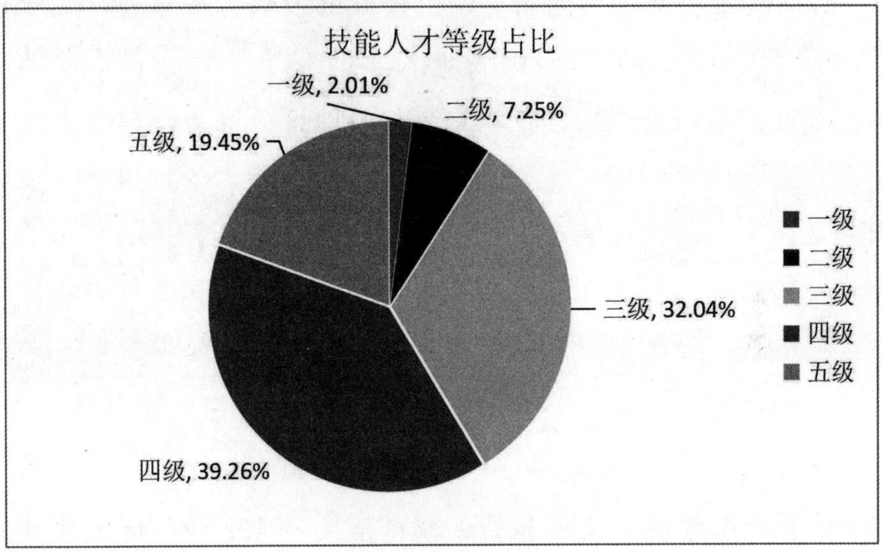

图6－14　济南市技能人才等级分布

（数据根据济南市人才服务中心有关资料整理）

2. 技能人才年龄及性别分布情况。从年龄分布看，一级（高级技师）人才主要分布于41岁至50岁，其余等级技能人才年龄分布趋势基本一致，主要分布于31岁至40岁。技能人才队伍年轻化趋势明显，技能人才活力充分释放。

从性别情况看，技能人才男性38.24万人，占比54.62%，女性31.77万人，占比45.38%，其中一级（高级技师）男性占比69.84%，女性占比30.16%；二级（技师）男性占比62.04%，女性占比37.96%；三级（高级工）男性占比57.35%，女性占比42.65%；四级（中级工）男性占比53.93%，女性占比46.07%；五级（初级工）男性占比46.83%，女性占比53.17%（图6－15）。总体上，除五级（初级工）外，男性占比高于女性。

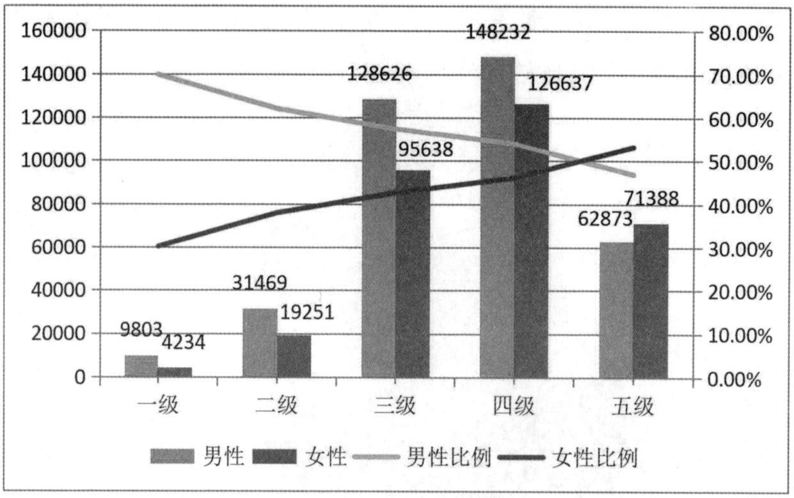

图 6－15　济南市技能人才性别分布

（数据根据济南市人才服务中心有关资料整理）

3. 技能人才流入流出和等级分布情况。2022 年技能人才流入 9. 26 万（图 6－16），比上年增加 47. 69%，其中四级人数最多，占比 45. 20%，一级人数最少，占比 0. 92%（图 6－17）。人才流出 5. 24 万，比上年增加 11. 25%，其中四级人数最多，占比 44. 31%，一级人数最少，占比 1. 16%。

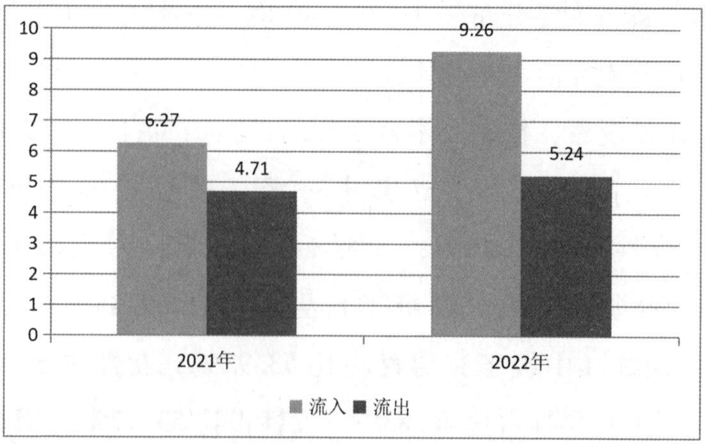

图 6－16　2021—2022 年济南市技能人才流入流出情况

（数据根据济南市人才服务中心有关资料整理）

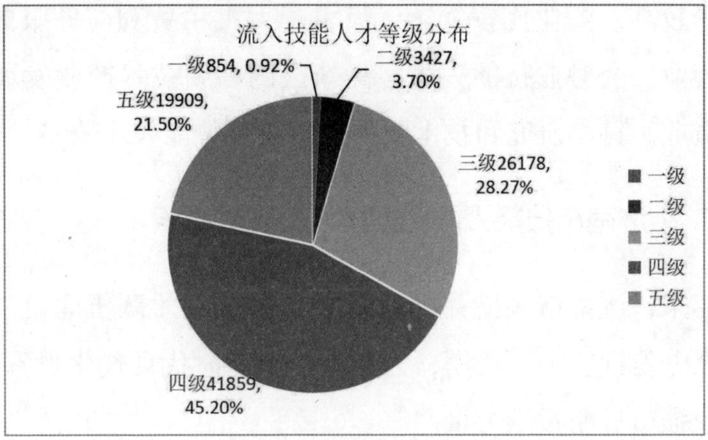

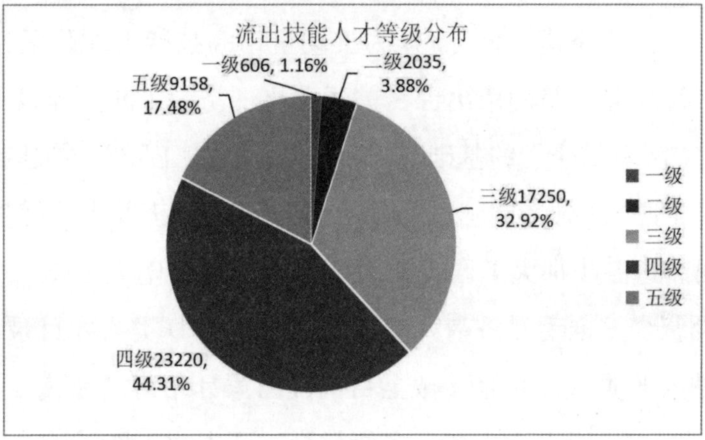

图 6－17　2022 年济南市流入流出技能人才等级分布

（数据根据济南市人才服务中心有关资料整理）

4. 技能人才行业及区县分布情况。从行业分布看，技能人才主要分布于租赁和商务服务业、建筑业、批发和零售业、制造业、科学研究和技术服务业、金融业等行业。

从区县分布看，各区县技能人才总量前三位的历下区、高新区和市中区，分别为 13.89 万、9.83 万和 9.2 万人，而商河县、起步区和南山区技能人才较少，分别为 9653 人、3050 人和 32 人。这与各区县经济发展规模和行业分布高度相关，历下区和市中区服务业发展水平较高，商业比较发达，吸引了大批租赁和商务服务业、批发和零售业、金融业技能人才，高新区的高新技术产业发展水平较高，制造业、科学研究和技术服务业等行业技能人才较多。

（二）济南市技能人才队伍建设的实践探索

近年来，济南市多措并举助力全市技能人才队伍建设，引领广大职工充分发挥主力军作用，为加快建设新时代现代化强省会战略，实施工业强市战略贡献力量。

1. 强力推进“济南工匠”建设工程。自 2016 年起，济南市每年选树命名一批“济南工匠”，作为推动全市高技能人才队伍建设的主要抓手。2022 年，济南市出台《关于深化“济南工匠”建设工程的意见》，在“济南工匠”的基础上，新设“济南大工匠”，构建起济南工匠、区县工匠、行业和产业工匠、企业工匠四级工匠人才梯次培育体系。同时，进一步加大工匠支持力度，给予“济南大工匠”“济南工匠”资助资金，推动“济南大工匠”纳入全市 D 类人才目录，“济南工匠”纳入 E 类人才目录。截至目前，已累计培育“济南工匠”240 名，“济南大工匠”5 名，带动各级培育工匠人才 3200 余名。

2. 不断深化职工创新创效工作。扎实推进职工创新创效工程，成立市创新创效工作推动办公室，出台《济南市提升产业工人创新力实施意见》等文件，为职工创新创效提供政策支撑。开展泉城职工全员创新创效竞赛，每年培育市级全员创新企业 10 家、劳模和工匠人才创新工作室 10 个、创新班组 30 个、创新能手 100 名和优秀职工创新成果 30 项。建设职工创新创效服务体系，成立“泉城智汇”济南市劳模和工匠人才创新工作室联盟，省市共建山东省职工创新创效服务基地，为职工创新创效提供“一站式”服务。

3. 全面推进职工技能提升行动。济南市把劳动和技能竞赛作为提升职工技能素质的重要途径，围绕黄河重大国家战略和工业强市战略，全市 60 多个部门单位联合建设强省会“四项竞赛”，组织动员广大职工在项目建设主战场争当主力军。2022 年开展各类竞赛活动 1 万余项，参与职工超过 100 万人次。率先在全省开展一线职工学历教育与能力提升行动计划“求学圆梦行动”，不脱产、不离岗提升职工学历与技能素质，累计为 9600 名职工发放学历教育补助 3000 万元。开展职工技能培养行动，组织线上线下职业技能培训 145 场，服务职工 1.9 万人次，超过 2000 名职工取得职业技能证书。

4. 大力弘扬劳模精神、劳动精神、工匠精神。精心打造“筑梦泉城”劳模工匠宣讲团，进机关、进企业、进校园、进社区，累计开展各类宣传宣讲活动 3200 余场。组织济南工匠创新交流论坛、济南市职工创新创效成果展示大会，全面展现劳模、工匠的精湛技能和创新成果。举办“济南工匠”颁奖典礼，制作劳模、工匠宣传片，在全市 5000 余辆公交车上全天候轮播，大力营造劳动光荣的社会风尚和精益求精的敬业风气。

（三）关于济南市技能人才队伍建设的对策建议

1. 拓宽技能人才成长通道。一是围绕“项目突破年”重点任务、关键领域，组织全市职工开展“项目突破年”创新创优劳动竞赛，通过竞赛发现、选拔、培养更多高技能人才。加强劳模和工匠人才创新工作室建设，为高技能人才搭建交流展示平台，促进高技能人才交流合作、成果孵化。二是加强工匠人才激励支持。适当提高一线高技能人才和劳模工匠代表以兼职、挂职等形式进入各级工会委员会的比例。合理增加高技能人才在各级各类劳动模范和先进代表等评选中的名额比例。落实劳模、工匠待遇，精心为劳模安排健康体检，定期组织劳模、工匠参加疗休养活动。投入专项资金，对职工创新创效给予奖励。三是适当提高工匠型人才在各级党代会、两会和群团组织中的代表比例，注重培养和吸收工匠型队伍中的优秀人才加入党组织，丰富提升“模范工匠”评选的形式与层级，提高工匠的政治荣誉及待遇，增强工匠型队伍认同感及归属感。

2. 完善制度，凝聚技能人才向心力。一是提高技能人才礼遇。出台优待政策，从安家落户、住房、继续教育、看病就医以及子女入学、人才激励等方面向技能型人才倾斜，从政策制度上解决技能型人才的现实诉求。二是拓宽发展道路。打破技能型人才受学历、年龄、身份等条件的限制，探索技能型人才挂职、兼职等政策，选拔优秀人才到机关事业单位挂职锻炼，为工匠型人才从技术岗位成长为技术领导者创造必要条件，提升工匠型队伍的社会影响力。三是完善保障制度。通过设立专项基金、建立长效机制等，表彰激励、帮助扶持、关心关爱作出突出贡献的工匠人才，提升工匠的幸福感、获得感、成就感。

3. 强化执行，激发技能人才创造力。一是积极筹建济南工匠学院。联合有关部门成立工匠学院，把全市技能人才组织起来，依托各类职业院校、大企业、行业协会、职业培训机构等，加强技能人才培育，促进职工教育培训。推动高技能人才在职业院校中担任兼职教师，发挥传帮带作用，加大工匠后备人才培养力度。围绕产业转型升级和企业需求实际，面向经济社会发展急需、紧缺专业，广泛开展职业技能培训。二是人社、财政、工会等部门，要针对职工职称评聘、专项配套资金、奖励扶持办法、普法等重点领域，开展联合执法、联合调研、联合督促解决等活动，为技能人才政策落地落实扫清障碍。三是落实长效监督机制。组建技能人才队伍建设工作领导机构，确保技能人才队伍建设和技能人才培养工作稳步有序推进。

四、 济南市乡村人才队伍

乡村振兴，人才是关键。党的二十大提出，全面推进乡村振兴，加快建设农业强国，扎实推动乡村产业、人才、文化、生态、组织振兴。习近平总书记强调，推动乡村人才振兴，要把人力资本开发放在首要位置，强化乡村振兴人才支撑。近年来，济南市发挥省会城市人才聚集、智力资源丰富优势，紧扣乡村振兴战略需求，坚持改革、强基、培育三大主旋律，加速打造一支懂农业、爱农村、爱农民的乡村振兴人才队伍，为巩固拓展脱贫攻坚成果、全面推进乡村振兴战略、实现农业农村现代化提供了坚强的人才智力支撑。

（一） 济南市乡村人才队伍概况

1. 人才总量情况。截至 2022 年底，济南市农村劳动力总数 249. 04 万人，其中乡村人才总数 20. 71 万人，占农村劳动力总数的 8. 3%（见图 6 – 18）。济南市农村劳动力资源丰富，人口红利进一步挖掘的潜力较大，乡村人才总量稳定。

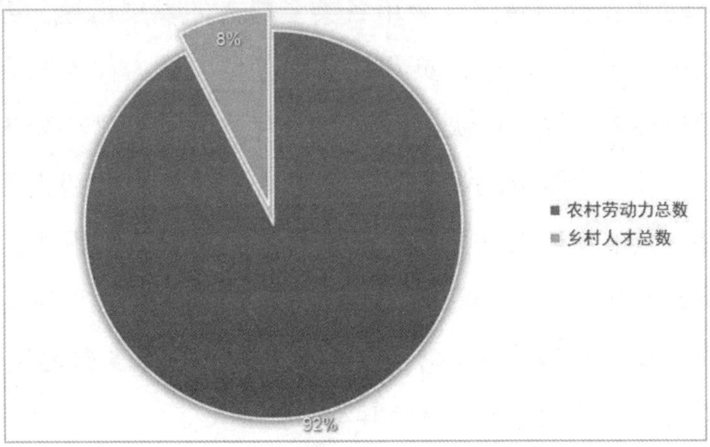

图 6 – 18　济南市乡村人才数量示意图

（数据根据济南市农业农村局有关资料整理）

2. 学历结构情况。2022 年全市乡村人才从事农业生产经营的人员学历结构情况如图 6－19 所示，其中具有初中文化程度的人数 10.93 万，占乡村人才总数的 52.78%；中专、高中文化程度的人数 4.94 万，占乡村人才总数的 23.87%；大学专科和大学本科文化程度的 29581 人，占乡村人才总数的 14.19%。

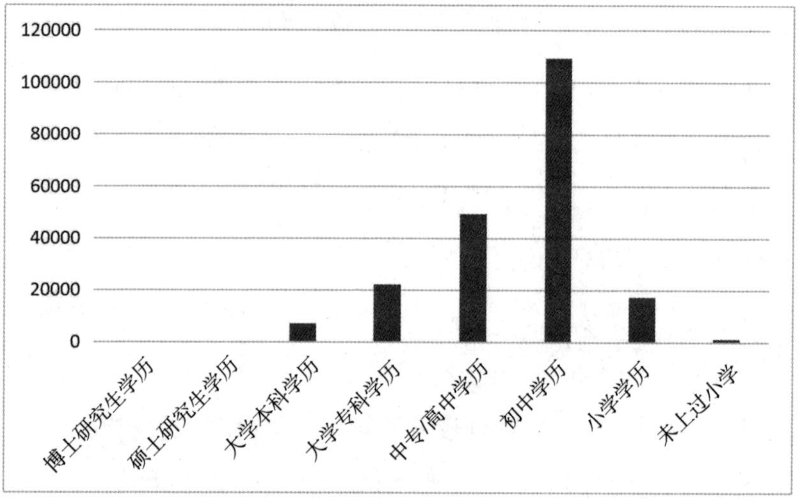

图 6－19　济南市乡村人才学历结构情况

（数据根据济南市农业农村局有关资料整理）

3. 人才类型分布情况。全市各类乡村人才发展迅速。其中，以生产型人员、技能带动型人员和社会服务型人员为代表的高素质农民群体规模最大，发展最快。截至 2022 年底，全市生产型人员总数达到 7.3 万人，技能带动型人员 4.7 万人，社会服务型人员 3.1 万人。另外，全市乡村人才队伍中还有经营型人员 2.7 万人，技能服务型人员 2.7 万人，农民高级技师 67 人，农村技术员 3754 人，技师 38 人，高、中、初级技能人才 11126 人，入选齐鲁乡村之星 201 名，受表彰“海右”乡村振兴人才 501 名。

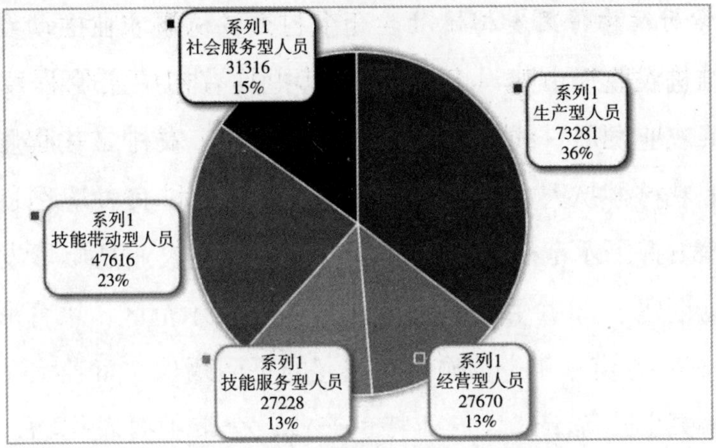

图 6－20　济南市乡村人才类型情况

（数据根据济南市农业农村局有关资料整理）

4. 区县乡村人才分布情况。各区县乡村人才分布不平衡，历城区 1.04 万人，长清区 3.27 万人，章丘区 2.88 万人，济阳区 2.45 万人，莱芜区 2.12 万人，平阴县 4.88 万人，商河县 2.10 万人，7 个区县乡村人才总量均超过 1 万人。槐荫区、高新区和南部山区乡村人才不足 2000 人（见图 6－21）。

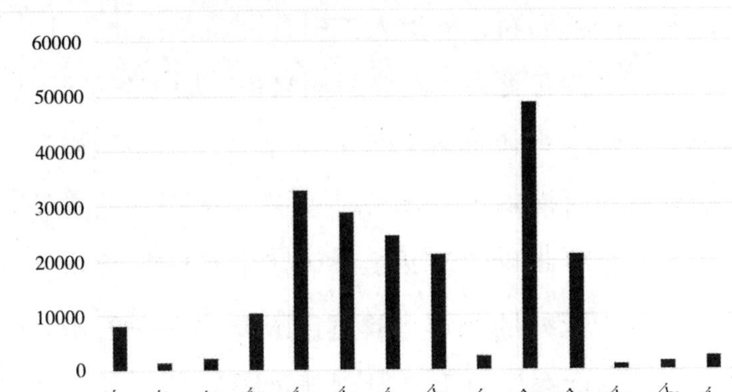

图 6－21　济南市乡村人才区县分布情况

（数据根据济南市农业农村局有关资料整理）

5. 乡村人才作用发挥情况。全市各类乡村人才在推动乡村全面振兴、推进农业强市建设中发挥了主力军、排头兵作用。一大批活跃在现代农业发展一线的农业生产经营人才、农村二三产业发展人才、农业农村科技人才等，在农业新技术推广、良种应用、绿色生产等方面发挥了示范引领作用，成为推动现代农业高质量发展的中坚力量。创建了 20 个百亩精品园、20 处千亩示范区，培育形成核心基地超过 70 万亩、年产值逾 200 亿元的平阴玫瑰、章丘大葱、历城草莓、莱芜生姜等十二大农业特色产业。全市主要农作物、畜禽良种化率分别达到 99%、90%，形成全球种植面积最大的药食同源玫瑰产区、江北规模最大的温泉花卉生产交易基地等众多业界“第一”，蔬菜集约化育苗能力居国内首位，SPF（无特定病原体）祖代鸡场种鸡生产能力亚洲领先。

（二）济南市乡村人才队伍建设的实践探索

“功以才成，业由才广”。济南市围绕乡村振兴和现代农业发展需求，推进人才改革创新，突出人才引育创新，强化本土人才培育，引导人才下乡，支持各类人才在乡村振兴中施展才华、建功立业。

1. 改革创新让乡村人才扎根乡村有干劲。一是积极制定落实扶持政策。研究出台《济南市新型农业经营主体贷款贴息管理暂行办法》《济南市农业产业化重点龙头企业认定和运行监测管理办法》，对返乡下乡大学生开办的企业，放宽市级龙头企业的申报条件，落实扶持政策，鼓励优秀毕业生自行创新创业。落实《大力培育新型农业经营主体的若干政策措施》，对新入选的市级合作社示范社，新晋升的省级、国家级农业龙头企业等按对应层级兑现奖励资金。二是创新实施新型职业农民技术职称评审制度。出台《济南市新型职业农民技术职称评定办法（试点）》，对从事种植、养殖、农产品加工、农村电商、农业机械、农技推广等骨干人员开展技术职称评定，打破学历、论文、科研成果等条框限制，重点考察新型职业农民的业绩贡献、技术水平和示范带动作用等指标，鼓励更多爱农业、懂技术、善经营的“土专家”和“田秀才”脱颖而出。目前，累计评定新型职业农民副高级职称59名、中级职称153名、初级职称669名，填补了农民不能参与职称评审的历史空白。三是不断优化典型人才推树管理办法。出台《专业人才乡村之星支持政策实施细则》（济人才办〔2022〕4号）（现改称为“海右”乡村振兴人才），将评选频次和数量提升一倍；积极优化选拔流程，推行网上申报，加强入选人选管理。汇总历届入选“海右”乡村振兴人才及济南入选的齐鲁乡村之星人员信息，纳入全市农业“智慧平台”，优秀乡村人才信息化建设迈出实质性步伐。组织举办济南市农业（畜牧兽医、农机）行业职业技能竞赛，每年推选一批技术能手，进一步弘扬了劳模精神、劳动精神、工匠精神。大力培育农村创业创新带头人，2名带头人的典型事迹被推荐为全国农村创业创新优秀带头人典型案例。

2. 搭建桥梁让乡村人才施展才华有舞台。加强服务乡村振兴各类基地建设，搭建专技人才和乡村发展桥梁纽带。一是加强乡村振兴专业技术人员继续教育基地建设。进一步完善省市县三级农技人员教育培训体系，近五年遴选确定了30家单位为“济南市农民教育实训基地”，累计培训高素质农民1.3万人、农村实用人才1万人、农技人员3000人次。二是组建农业技术推广团队。制定《组建农业技术推广团队实施方案》，选聘农业科技专家100人，吸收团队成员131人，其中聘任农业科技首席专家、执行专家50人，项目覆盖土肥、植保、农机、畜牧等多个领域。组织实施基层农技推广体系补助项目，每年选定一批农业技术服务指导员，定向帮扶300个农业科技示范主体，发布农业主推技术 100 余项。三是加强人才培育载体工程建设。大力实施规模化家庭经营提速、农民合作社规范化建设、农业龙头企业壮大、农业服务组织提升等人才培育载体建设工程，构建起以家庭经营为基础、合作与联合为纽带、社会化服务为支撑、小农生产相融入的立体式复合型现代农业经营体系，培育集聚爱农业、懂技术、善经营的骨干人才。目前，市级以上农业龙头企业总数 506 家（省级 79 家、国家级 10 家），登记注册的农民合作社 11780 家（国家级示范社 29 家、省级示范社 129 家、市级示范社 432 家，4 家合作社入选中国农民合作社 500 强）、家庭农场 8063 家（市级以上家庭示范场 441 家），社会化服务组织 5047 家，市级农业产业化示范联合体 40 家。

3. *发挥优势让乡村人才建功立业有作为*。一是线上线下相结合，为乡村发展培养更多紧缺农技人才和农业能手。线上开设网络“云课堂”，实施基层专业技术人才知识更新培训工程，邀请高层次农业专技人才开设“优质甘薯的育苗种植”“蔬菜大棚的病虫害管理”等高产栽培技术课程，累计 131 万人次在线收听。举办“山东品牌强农高质量发展人才论坛高级研修班”“山东省农村产业发展新旧动能转换助力乡村振兴高研班”，通过线上远程教育等方式，培训基层专业技术人才 1.5 万人次。组织举办“冬春农民大培训”等培训班 80 余期，培训农业技术人员和种植大户 5700 余人次。二是开展技术服务活动。持续组织“泉城农技”科技下乡，结合农时季节组织农业专技骨干人才服务团队，深入基层实施服务乡村振兴行动，年均下乡 4400 余人次，开展种植养殖、病虫害防治、农产品安全生产等实用技术培训，帮助农民提高生产技能，解决疑难问题。三是创新开展专项服务行动。按照“一产业一团队”的思路，组建了平阴玫瑰等科创团队 15 支，专家 99 人，其中副高级职称以上占比

74.75%，形成“首席专家+岗位专家+农业科技创新中心”的运作体系，吸引高校、科研院所的高级专家参与线上线下技术指导，累计为当地产业现场服务解决技术和发展问题上百次，对主要农产品科创和服务范围实现全覆盖。会同市自然资源和规划局印发《济南市乡村规划师制度试点方案》，在长清区、章丘区、平阴县先期开展试点，做到“一区县一团队（一名首席规划师）、一镇（街道）一师（责任规划师）”。全市14个涉农区县、功能区的14名首席规划师、87名责任规划师上岗履职，实现了全市乡村规划师制度全覆盖。

（三）关于济南市乡村人才队伍建设的对策建议

加快推进乡村振兴，农民是主体，人才是关键。当前，乡村振兴的宏伟蓝图已经绘就，确保乡村振兴战略落地生根，需要大批乡村人才去推动、去实施。加强乡村人才队伍建设，要坚持人才需求、产业发展、惠民富民三个导向，围绕巩固脱贫攻坚成果、实施乡村振兴攻坚、加快推进农业农村现代化，全力做好“聚、育、用、留”四篇文章，建立起数量充足、结构优化、布局合理、素质优良的乡村人才队伍和机制完善、充满活力、富有效率的人才支撑体系。

1. 积极完善培育体系。一是聚焦乡村人才重点群体培养做文章。坚持以农业增效、农民增收为导向，建立以素质提升和能力建设为核心，学历教育、技能培训、实践锻炼等多种方式的乡村人才培养开发机制。强化培训基础条件建设，健全高素质农民三级培训体系，着力构建以市农民教育培训基地为龙头，区县农民培训机构为主体，农业院校、科研与农技推广服务机构为补充的教育培训网络，培养一支有文化、懂技术、善经营、会管理的高素质农民队伍。二是聚焦乡村人才系统培训做文章。坚持需求导向，提高培育精准性，进一步创新“点菜式、预约式、提问式、操作式”培训模式，增加“土专家、村书记与企业家现身说法”的培训内容，切实提高培育效果。着力完善培训学员库、实训基地库、师资库和教材库，突出培训特色，注重培训实效，打造高端农民教育品牌。挖掘乡村人才典型，发挥示范引领作用。大力宣传在乡村振兴中涌现出的先进典型和培养模式，挖掘近年来通过农村实用人才带头人示范培训、高素质农民培育等产生的优秀人才，借助新媒体宣传其成长故事和典型经验，提升乡村人才队伍在社会中尤其是在年轻人当中的影响力和示范带动能力。

2. 实施农业科技人才集聚工程。一是充分发挥农业龙头企业等新型经营主体的引才主体作用，鼓励引进与主导产业关联度高、产业发展急需的人才，发挥高端人才的引领作用，补齐产业转型升级中的人才短板。二是开展现代农业生物育种人才高地项目建设，推动济青集聚平台建设，重点以植物基因编辑项目、主要作物“核不育”育种项目、山东前沿农业生物科技项目等重大生物育种技术平台为依托，培育一批农业生物育种技术人才，提升共同引才、联合育才、合作用才质效，实施有组织的科研创新。三是打好“乡情牌”，通过大力度、多途径宣传乡村振兴事业对人才的渴求，让曾经“走出去”的乡土人才返乡“造血”，实现人才在农村与城市间自由流动。以乡情乡愁为纽带，引导乡贤乡友“回乡”，促进农村人才“回流”。此外，还可采用灵活的引才方式，加强与科研院所、高等院校等智库合作，借助项目合作、交流学习、讲学培训等方式吸引各领域的专家学者，通过参加志愿服务等形式，帮扶乡村发展产业。

3. 健全评价机制。一是积极探索制定乡村人才选用标准。以能力和业绩为导向，完善乡村人才评价标准，在生产实践中发掘人才，以贡献大小评价人才，把思想品德高尚，群众广泛认可，有良好口碑和声誉的种植养殖大户、致富带头人、返乡下乡创业人员、复员退伍军人等人才发掘出来，根据乡村人才的成长规律和特点，以知识、技能、业绩、贡献为主要内容，分层级、分区域、分类型实施乡村人才认定，采取灵活、务实的评价方式，开展乡村人才评价。二是从待遇上、身份上给予政策扶持倾斜，让乡村人才有干头、有盼头、有甜头，不断提升乡村人才发展乡村产业、服务农民群众、助推乡村振兴的积极性、主动性和创造性。

4. 健全保障激励机制。一是强化乡村人才公共服务保障。在加快提高乡村基本公共服务供给水平上下功夫，积极协调乡村教育、医疗卫生、乡村文化、居住环境等部门，努力使乡村人才得到优质服务，为乡村人才及其家属解决后顾之忧。二是健全乡村人才激励机制。积极争取公费农科生名额，增强乡镇基层吸引力，不断提高农业自我发展能力。畅通新型职业农民职称评定渠道，为一技之长的“土专家”“田秀才”开展职称评定，充分调动各类乡村人才的创造性和积极性。不断优化“海右”乡村振兴人才推荐评选流程，健全乡村人才荣誉表彰制度。大力选树人才服务乡村振兴的先进典型，广泛利用电视、报纸等主流媒体以及自媒体公众号等各类宣传平台，广泛开展优秀乡村振兴人才宣传推介活动，持续加大对乡村人才扎根农村干事创业典型事迹的宣传力度，让优秀的乡村人才有荣誉、有面子、有位子，不断增强其获得感、成就感、荣誉感。要建立容错机制，宽容失败，搭建公平公正竞争平台，营造全社会关注关心关爱乡村人才成长的良好氛围。

五、 济南市教育人才队伍

教育是党之大计、国之大计。党的二十大报告从实施科教兴国战略，强化现代化建设人才支撑的高度，对办好人民满意的教育作出专门部署，凸显了教育的基础性、先导性、全局性地位，彰显了以人民为中心发展教育的价值追求，为推动教育改革发展指明了方向。济南认真贯彻落实国家重大发展战略，高度重视教育领域人才队伍建设，坚持为党育人、为国育才，突出做好“选、新、优、育”四篇文章，为人才工作培根筑基。

（一）济南市教育人才队伍概况

1. 教育人才总量情况。近三年来，济南教育人才资源总量稳步增长。新增教育人才数量保持“3000 +”快速增长，年均增长率超过 3%。其中，2020 年济南中小学（幼儿园）教育人才达到 9.72 万人，2021 年达到 10.04 万人，比上年增加 3220 人，同比增长 3.3%；2022 年达到 10.33 万人，比上年增加 2858 人，同比增长 2.8%。

2. 教育人才年龄结构情况。30 岁以下的教育人才近 8.9 万人，占全部教育人才的 30%；30 岁—50 岁教育人才近 17 万人，占全部教育人才的 56%；50 岁以上教育人才近 4.3 万人，占全部教育人才的 14%，基本建成年龄结构合理、素质优良的教育人才队伍（见图 6 – 22）。

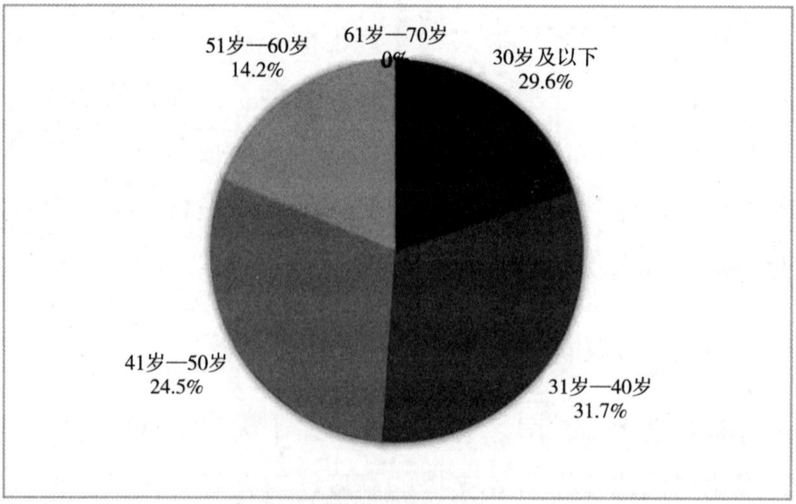

图 6 – 22　济南市教育人才年龄结构

（数据根据济南市教育局有关资料整理）

3. 教育人才学历结构情况。济南坚持扩大教育人才引进范围，持续优化调整人才学历结构。近三年来，教育人才硕士研究生及以上学历19117人，占总数的7%；本科生203827人，占总数的75%；专科生44668人，占总数的16%。其中，博士研究生学历2021年4人，2022年6人；硕士研究生2020年5587人，2021年6488人，2022年7157人；本科生2020年66630人，2021年70779人，2022年76824人；专科生2020年21651人，2021年20739人，2022年17609人；高中及以下学历2020年3310人，2021年2388人，2022年1660人（见图6－23）。人才队伍的高学历人才数量呈逐年递增趋势，低学历人才逐年减少，教育人才质量稳步提升，这充分得益于济南人才政策的推行和实施。

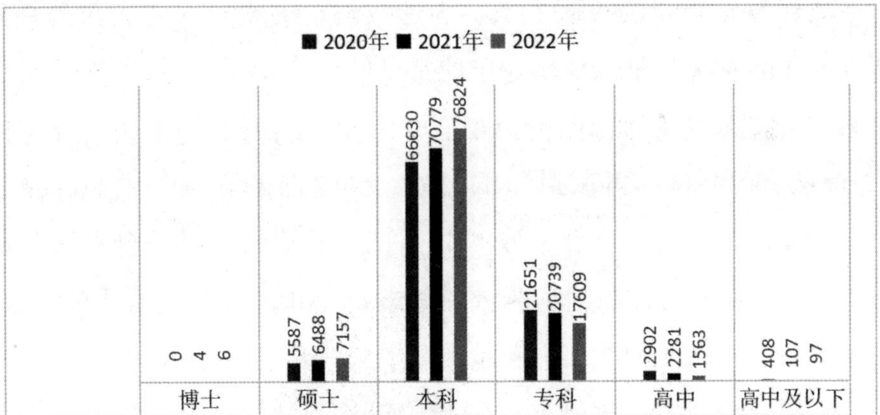

	博士	硕士	本科	专科	高中	高中及以下
■2020年	0	5587	66630	21651	2902	408
■2021年	4	6488	70779	20739	2281	107
■2022年	6	7157	76824	17609	1563	97

图6－23 济南市教育人才学历结构

（数据根据济南市教育局有关资料整理）

（二）济南市教育人才队伍建设的实践探索

教育是最大的民生，寄托着全市家庭对美好生活的期盼。同样，教育亦有“打造人才培养高地”之责，为经济社会发展注入源头活水，与城市发展同向同行。近年来，济南大力发展教育，通过创新优质的人才发展机制、拓展教育人才平台、出台更具诚意的保障举措等为泉城高质量发展赋能。

1. 刻好教育人才需求膛线，机制支撑为要。激励惠师制度化、清单化。率先在全省实施“定向评价、定向使用”基层中小学职称制度，2021 年，共有 310 名教师晋升了中小学正高级教师职称，32 名教师迈入“三级教授”行列，352 名乡村中小学教师取得基层中小学正高级、副高级职称；2022 年，评审通过正高级教师 60 人、正高级讲师 10 人，基层正高级教师 6 人、基层高级教师 27 人，18 名教师通过专业技术三级岗位评审。

（1）探索科学的招聘方式。为选拔适合的教育人才，对公开招聘方式进行 4 次改革，由事业单位常见的“先笔试、后面试”形式，改为“先笔试、后面试、再试讲”，再由技能教师岗位先行试点“先面试、后笔试、再试讲”的形式，到目前的教师、中职专技人员、高校辅导员岗位全部采取“先面试、后笔试、再综合考察”的形式。改革后，更注重对应聘人员教学技能和教育综合素质的考察，大大提高了人岗匹配度，进一步提高了公开招聘选拔人才的科学性。针对新招聘教师男女比例严重失衡的现象，在部分岗位探索“同条件等比例”招聘形式，确保能选拔到部分优秀的男性专业人员补充到教师队伍中来。2021 年全市中小学（幼儿园）公开招聘 4304 人，其中，研究生学历毕业生 649 人，占 15.1%；师范类毕业生 2806 人，占 65.2%。2022 年全市中小学（幼儿园）公开招聘 3934 人，其中，研究生学历毕业生 590 人，师范类毕业生 2105 人。

（2）扩大用人单位自主权。为落实职业院校“五权下放”政策，出台《关于印发〈济南市市属职业院校聘用优秀人才实施意见

（试行）〉的通知》（济教发〔2020〕74 号）和《关于印发〈济南市市属职业院校落实办学自主权实施意见（试行）〉的通知》（济教发〔2020〕75 号），要求市属高校简化人才招聘程序，采取自主考试、考察、公布考试结果确定拟聘人员的形式，实行备案制管理。鼓励市属高校加大对博士、正高级专业技术职务和高技能型人才的招聘力度。2021 年市直属高校引进博士 19 名、副高级以上专业人才 10 名、高技能人才 4 名，引进国家双一流高校优秀毕业生 3 名。2022 年，市属高校引进博士 4 人、硕士 84 人，高级专家或高技能型人才 15 人。近 3 年，市属高校引进双一流优秀研究生 35 人、博士和正高级专家 52 人、高技能型人才 19 人。

（3）探索多渠道引进人才。为落实人才优先发展战略，开辟优秀教育人才引进通道，满足济南市教育发展对高层次人才的迫切需求，全市教育系统面向全国引进优秀高层次教育人才，补充名师 7 人、名校长 1 人。针对新建学校骨干教师短缺的实际，2021 年市直及市内 5 区部分学校面向济南市域外，招聘骨干（紧缺）名优教师；赴部分“双一流”和省内高校，采取校园招聘的形式引进优秀毕业生，全市共引进优秀毕业生 506 人。2020 年起，每年安置 150 名左右山东省公费师范毕业生到乡镇、农村学校任教，补充农村学校师资短缺学科的力量。简化招聘程序，鼓励学校采取直接面试的方式引进高层次、急缺人才，2021 年山东省实验中学东校采取直接面试的形式，引进北京大学博士 1 名。19 所直属学校面向社会引进优秀人才 139 人，为定向济南就业的 152 名省属公费师范生确定安置岗位。鼓励市属高校积极参加省市组织的“高校人才直通车”校园招聘活动，到国内知名高校引进硕士、博士研究生，济南职业学院已采取此形式招聘了 32 名“985”“211”高校硕士毕业生，大大提高了学校的教学科研水平。多种引才方式，丰富了招聘的形式，宣传了济南求贤若渴的需求，提高了教师队伍的整体素质。

（4）抓好名优骨干教师培养。2021 年，顺利完成第三期济南名师和第二期济南优秀教育管理者建设工程，新认定 117 名济南名师、49 名济南优秀教育管理者。2022 年，从 35 岁以下（含 35 岁）青年教师中遴选 119 名培养对象，成立济南未来卓越教师成长共同体，通过建构“前瞻性”培养课程、搭建“协同式”成长平台、建立“全方位”选育管用机制，赋能助力青年骨干教师向未来卓越教师迈进。遴选确定新一期济南名师、优秀教育管理者建设工程人选 166 名，评选教学能手 360 名，遴选推荐 114 名教师参加齐鲁名师齐鲁名校长齐鲁名班主任建设工程（2022—2025）人选评选，42 人被认定为齐鲁名师、齐鲁名校长。通过建立“选”“育”“管”“用”的骨干教师培优发展全链条和长效机制，以“头雁效应”激发“雁群活力”，为济南教育高质量发展不断注入源头活水。

2. *驻济高校绘好人才发展航线，开拓施展平台。*（1）依托驻济高校创新人才引育。围绕济南 12 条产业链产业人才培养需求，重点支持驻济高校实施人才培养项目 60 个，建设现代产业学院 23 个。与山东产业技术研究院等院所联合招收研究生 79 名；落地中兴通讯第一家“5G +”产业学院，实现新一代信息技术产业高技能人才培养。组织自贸区内齐鲁科创大走廊沿线 26 所高校及 50 多家相关企业成立齐鲁科创大走廊创新创业联盟，汇聚政府、高校、企业等多方资源，为“一带一路”沿线国家培养输送人才。坚持产教融合校企合作基本模式，新增产教融合“145 + X”培育项目 108 个，参与学生 4.5 万余人；校企共建产业学院 51 个，校企共建规模以上实训基地 1161 个，5G 综合应用实训基地等 3 个国家重点支持实训项目交付使用；牵头成立全国首个黄河流域产教联盟暨高峰论坛，探索职业教育服务国家战略新模式。立项驻济高校高水平大学和高水平学科建设项目 52 个，支持经费 5390 万元。推动驻济高校围绕济南市产业发展需求自设二级交叉学科 30 个，校企合办专业 43 个。推动山东第一医科大学、山东交通学院等高校牵头成立医学教育、交通运输科技创新等 5 个领域联盟（共同体），创办黄河商学院、黄河盐生植物研究院等 5 个研究机构（智库）。驻济高校新增博士授权学位高校 1 家，增设博士、硕士学位授权点 8 个。

（2）签约引进一大批国内外优质高等教育资源项目。国际高等教育评价机构英国 QS 集团中国北方总部、维尔茨堡（济南）科学技术研究院、山东中乌技术创新研究院等 14 个国内外优质高等教育资源项目落户。策划打造“一带一路”主题教育科技人才交流合作园区。与山东普希金教育文化咨询有限公司、创谷（山东）教育科技有限公司签约共建丝路创谷（山东）科教园，打造教育科技人才交流合作综合型科教园区。科教园已建成 1000 平方米会客厅、2400 平方米企业孵化区，落地 5 个项目。按照市委、市政府相关工作部署，市教育局与 5 家央企对接，最终确定由中国人寿（保险）集团投资济南新旧动能转换先行区黄河体育会展及科技智造园区基础设施（黄河大道一期）工程项目，投资总金额 45 亿元人民币。筹办空天信息大学，落实其办学定位、学科设置、办学规模、经费保障等事项，争取各级支持。该工作先后得到国家领导人 1 次批示、省委主要负责同志 4 次批示，李干杰书记亲赴教育部对接；纳入《山东省“十四五”高校设置规划（草案）》并上报教育部；空天信息大学建成后，将培养大批空天信息领域高端人才，为实现国家航天强国战略以及山东省、济南空天信息产业快速崛起提供重要的人才智力支持。继续开展首批“优秀年轻干部培养工程”。聚焦精准培养，扎实推进课题研究，组织开展首期优秀年轻干部培训班相关考核工作，搭建年轻干部全方位成长平台。2022 年立项支持驻济高校中外合作非独立法人机构等国际化人才联合培养项目 13 个，为济南市培养产业发展急需的国际化高层次人才 1000 余人，吸引国际知名专家来华开展交流合作 170 人次。

（3）扶持教育类重点创新产业项目聚才引才。济南虚拟大学累计培养培训 10000 余人次，“数字教育新业态新模式”获评省自贸制度创新成果案例；中兴协力（济南）公共实训基地为驻地高校培养 ICT 专业人才 2 万余人，被评为教育部产教融合示范单位、山东省新旧动能转换公共实训基地；丝路创谷产业园吸引俄罗斯等“一带一路”国家高层次人才交往 50 余人次。积极谋划科教融合协同育人联合体建设，将其纳入第二批市校融合发展战略工程项目重点支持范围。建成全国首个技术技能人才供需对接平台，入驻企业总数 1240 家，人才供给数 6.11 万，注册在校培养学生数 13.13 万，促进人才培养供给侧和产业发展需求侧有效对接。

3. 守好人才工作底线，提供基本保障。（1）设立人才随迁子女入学“定点储备校”。设立山东省济南第一中学初中部，作为保障人才子女入学“定点储备校”，为首批来自省内外 45 所小学的 51 名人才子女提供优质基础教育服务，自 2021 年开始招生，并允许本市高层次人才及引进的 E 类高层次人才报名，现已招收 99 位人才子女就读。

（2）持续解决符合条件的高层次人才子女入学需求。开辟“绿色通道”，坚持快速从优原则，对符合认定条件的人才随时予以对接和安排，对特别情况采取“一事一议”，2019 年以来，济南市已解决 33 位引进的高层次人才的 37 位子女入学需求。

（3）高标准建设外籍人员子女学校，为外籍人才子女提供国际教育服务，济南市托马斯外籍人员子女学校国际小学课程（IPC）创客教室落成，建设 4 个高端 STEM 实验室；完善课程体系，加强教师培训，开发引进国际流行艺体类选修课程，推动办学水平与国际接轨。出台《济南市高层次人才子女入学实施细则（试行）》（济人才办发〔2017〕15号）、《济南市教育局关于做好支持人才创新创业发展协调安置子女入学有关工作的通知》（济教基字〔2019〕11号）、《济南市总部企业市级领军人才子女就读（入园）实施细则（试行）》（济教基处函〔2019〕6号）等便利人才子女入学的优惠政策，并通过子女教育安置工作会商制度，协调解决省农高院等科创机构、涉军单位人才子女入学需求。

（三）关于济南市教育人才队伍建设的对策建议

教育人才队伍建设是一项长期艰巨任务，是一项宏大系统工程，为此，济南在今后教育工作中要继续贯彻落实党的二十大精神和党中央决策部署，坚持教育优先发展战略，统筹贯通各方责任主体，推进协同改革、优质创新的人才本土培育体系建设，实行更加优惠、更具诚意的人才开发政策措施，构建资源丰富、灵活畅通的人才服务管理机制，打造数字赋能、智能集成的卓越人才高地，把立德树人、优质高效、服务社会的理念融入济南教育现代化建设全过程。

1. 加大引才力度，让人才“多”起来。通过校地共建高层级科技创新平台，为高层次人才来济南市工作提供载体。扩大“高校人才直通车”活动范围，增加活动频次，按计划组织济南市事业单位赴国内名优高校，现场招聘优秀毕业生。加快制定更多具有较强吸引力、竞争力、号召力和针对性的人才引进政策和措施，完善人才编制，释放政策红利，激发人才发展活力，尤其是针对新兴领域高层次稀缺人才要给予配套资金支持，在工作薪资、经费支持、科研服务、住房保障、医疗健康等方面给予更多优惠政策。

2. 加大留才力度，让人才“聚”起来。进一步加大对驻济高校毕业生的人文关怀，以诚挚的感情、温馨的服务和优良的待遇留住更多毕业生在济就业；继续推进“一考双录”工作，尽可能多地留住优秀人才；拓宽职业院校毕业生在就业、落户、参加招聘、职称评聘、晋升等方面的通道，将符合条件的高水平技术技能人才纳入高层次人才计划，引导和鼓励用人单位加大技术技能人才薪酬激励力度，大力营造劳动光荣、技能宝贵、行行出状元、人人可成才的社会氛围。

3. 加大育才力度，让人才“强”起来。加强高校、科研院所、新型研发机构等科教融合协同育人，培养科研学术复合型人才。对教育从业资格进行严格把关，开展教育人才专业质量检测，建立持续改进的质量保障机制，在制度上从侧面保障教育人才的队伍建设。努力建设科研与教学和谐发展的高水平教师队伍，以人才发展促进科技创新，启动一批高水平的教学学术项目，带动优秀教师和教师团队成长。

六、 济南市医疗卫生人才队伍

医疗卫生人才队伍是济南市人才队伍中的重要方阵，是建设“强新优富美高”新时代社会主义现代化强省会的骨干力量。近年来，济南市委、市政府认真贯彻党中央关于医疗卫生人才队伍建设一系列方针政策，聚焦人才培养、引进、用好等关键环节，深化人才发展体制机制改革，为医疗卫生人才队伍建设领航导向，持续优化人才成长和有效发挥作用的环境，进一步激发医疗卫生人才的创新活力。

（一）济南市医疗卫生人才队伍概况

1. 人才总量情况。济南市共有 29 个委属事业单位，其中公益一类7家，公益二类21家，参公单位1家，编内（控制总量）正式工作人员12104人。其中，管理人员290人，专业技术人员11461人，工勤技能人员353人。全市卫生健康系统现有享受国务院政府特殊津贴专家13人，泰山学者特聘专家1人，泰山学者青年专家3人，省具有突出贡献的中青年专家6人，齐鲁卫生与健康领军人才7人、杰青人才17人，山东省名老中医3人，山东名中医药专家46人，山东基层名中医72人，管理期内济南专业技术拔尖人才6人，“海右计划”产业领军人才等市级人才工程入选者8人。全市卫生健康系统人才队伍资源总量持续增长，结构不断优化，创造活力得到有效激发。

2. 人才年龄情况。30岁及以下人员2202人，占总数的18%；31岁—40岁3268人，占总数的27%；41岁—50岁3806人，占总数的32%；50岁以上2825人，占总数的23%（见图6－24）。各年龄段人才结构比较合理。

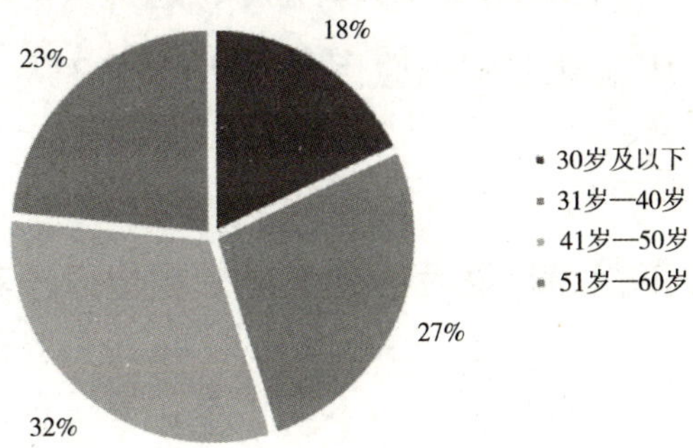

图6－24　济南市医疗卫生人才队伍年龄结构

（数据根据济南市卫生健康委员会有关资料整理）

3. 人才学历情况。大学专科750人，占总数的6%；大学本科7517人，占总数的62%；硕士3429人，占总数的29%；博士及以上学历 404 人，占总数的 3%。大学本科以上学历人数占总数的 94%。近三年来，随着一系列人才优惠政策的出台，济南市卫生健康委所属各医疗卫生单位新引进人才 3572 人，其中博士 56 人，硕士 1521 人，本科 1750 人；单位内部培养博士 124 人，高级以上专业技术人才 3895 人，济南市医疗卫生人才队伍知识结构持续优化。

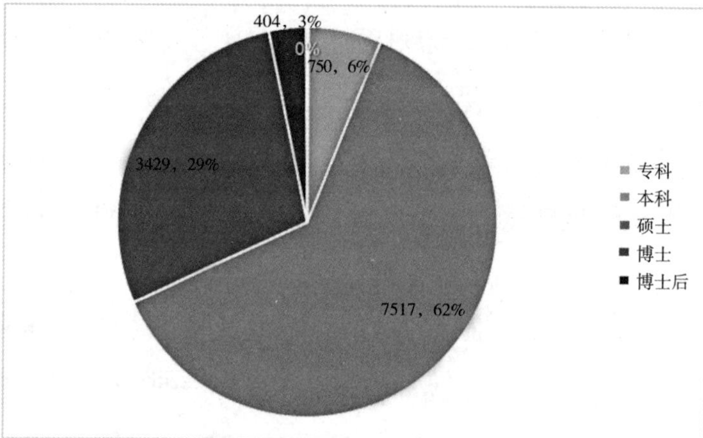

图 6－25　济南市医疗卫生人才队伍学历结构

（数据根据济南市卫生健康委员会有关资料整理）

4. 人才流动情况。2022 年度，通过公开招聘等方式，流入人才 1668 人，因解除合同等原因流出人才 112 人，济南医疗卫生队伍呈现净流入态势。

（二）济南市医疗卫生人才队伍建设的实践探索

1. 打造“六位一体”人才体系，搭建人才发展高平台。(1) 重才有策，发挥党管人才的政治优势。始终坚持党管人才政治高度、人才强国战略高度、立德树人使命高度，牢固树立“人才是第一资源”理念。一是优化党管人才体制。强化“一盘棋”思维，“一把手”亲自抓人才工作，实施人才工作“书记项目”，对 28 个结题项目开展评选，进一步压实委属各单位党组织书记主体责任。二是强化政治引领作用。积极选树优秀人才典型，推荐人才先进典范担任省市“两代表一委员”，选派人才干部进企业，赴西部的甘肃临夏、重庆武隆以及西藏白朗，积极选派人才干部下基层任第一书记，参加万名干部下基层、农村基层党组织建设、“四进”攻坚行动进行实践锻炼，筑牢现代化人才工作的政治根基。

（2）聚才有方，打造活力迸发政策环境。不断夯实政策制度保障人才工作发展的牵引效应，建立健全招引落地、培育转化、评价考核、借力借智、服务保障的贯通式人才政策体系，推动人才政策系统化、精准化、实效化。一是优化人才引进和培养政策。组织专班广泛听取高层次人才、医疗机构、人才专家意见，先后编制出台《济南市医疗卫生行业高层次人才引进和培养管理办法》《落实基层卫生人才队伍建设方案》《关于加强济南市中医药人才队伍建设的实施方案》等一系列“人才新政”。二是推行人才工作体系化考核。实施人才工作专项考核和述职制度，人才工作在委属单位的高质量发展考核中占比高达 20%。开展第三方绩效评估，保障人才经费财政投入 2200 余万元，提升人才工作“含金量”，强化各环节人才政策的联动和集成。

（3）引才有道，打造横纵协同招引矩阵。着眼人才队伍建设现状和事业发展需求，聚焦高质量发展短板，赋予公立医院用人自主权，推行编制备案和人员总量控制制度，围绕人才图谱和紧缺人才目录，超前谋划统筹资源，布局打造人才招引绿色通道矩阵。一是建强引才、育才、用才、暖才 17 项精准招引政策，瞄准品牌“放大镜”效应，擦亮“扁鹊故里”“天下泉城”“康养名城”“实力药谷”4 张精准招引名片，激活引才聚才“强磁场”。二是开拓活动聚才、高校吸才、以才引才、社会荐才、基层纳才 5 种精准招引方式，建立校园招聘、公开招聘、紧缺招聘、团队招聘等 4 条精准招引渠道，开展对接座谈、走访交流、线上引才、网络招聘、品牌宣传、名校直通 6 种精准招引活动。

（4）理才有效，织密引用并重的培育网格。坚持把用好用活人才作为人才工作的核心环节，推进建立梯次衔接的高层次人才选拔培养体系，实施“3455”优秀人才培养工程，构建“教、智、荐”一体化的人才岗位练兵新模式。一是开通“医教”融合。强化院校合作，10 家市属医疗卫生机构作为医学院校附属医院，大力开展双向聘任、学术交流、学生带教，推行订单培养、学费代偿等措施。注重人才深造创造，围绕重点领域，分层次、有针对性地培养推荐人才骨干到世界卫生组织、美国加州大学、英国格拉斯哥大学等开展进修、访学、合作。二是引用“智能”平台。开展职称工作信息化，在全国省会城市中最先使用大数据手段计算工作量、病案等数据。提出优化人才分类认定目录建议，及时更新高层次人才认定信息。三是积极“举荐”人才。积极遴选推荐各类优秀卫生健康高层次人才，深入挖掘优势学科，推进产业领军人才支持工程申报，开展泰山学者申报，争取百万级工作经费支持，相关专业领域实现重大突破。

（5）用才有力，优化提质增效的评价机制。突出实践能力业绩导向，完善评价标准，创新评价机制，促进评价和使用相结合。一是开展“作风”评价。对人才队伍建设领域“四风”问题开展自查整治、“唯帽子”专项治理活动。二是开展跟踪评价。2021 年以来完成 3 批次引进高层次人才跟踪评价，发放工作生活津贴共计 560 万元。三是开展中医药评价。评选济南市名老中医、专家、青年专家和基层专家共 30 名。四是开展“赛事”评价。共举办技能竞赛、科研评选等 10 次，充分发挥“以赛代评”“以赛代训”“以赛代育”培养和激励人才作用。

（6）暖才有度，推出体贴入微的服务体系。坚持把人才服务作为爱才、惜才、敬才的有力抓手，在政治上充分信任、思想上主动引导、工作上创造条件、生活上关心照顾。一是聚力提升服务质效。始终把服务人才摆在突出位置，不断提升人才吸引力、凝聚力的“软性”配置。出台相应的人才激励政策和保障条件，主动提供科研扶持、生活保障、绩效分配、职称评定等多方面的优惠政策。举办高层次人才联谊会、人才论坛等活动，实现对话交流“零距离”，让引进人才能够在短时间内获得归属感。二是提升激励制度质效。探索疾控机构绩效管理改革，提高绩效总量，搞活分配，遴选首席专家18名。三是升级医疗保障质效。全面打造“全面化、定制化、特色化”人才医疗服务保障体系。加强省市一体化服务，将省级高层次人才纳入服务范围，协调解决市级高层次人才到省级医院就医的需求。四是升级市级绿色通道。配备医疗保健服务专员，设立专属服务电话，总计为232名高层次人才就诊做好预约、检查、会诊、治疗等优质服务。五是开展专属定制服务。与高层次人才建立长效沟通机制，针对健康服务个性需求，为63名A类B类人才配备了保健联系医生，为全市2629名高层次人才进行健康查体专场服务，切实提升济南市人才的“预、检、疗”体验感、获得感。

2. 营造协同发展的创新环境，人才发展取得新成效。通过近几年的努力，医疗卫生人才工作搭建高标准平台载体，营造高质量人才发展生态，建立全链条服务保障体系，人才工作活力彰显，带动力、影响力持续增强。医疗卫生人才队伍也“创”出三个“新高”。

（1）人才队伍总量创新高。坚持构建人才力量塔尖、塔身、塔基的有机整体，近年来，共为29家市属医疗卫生单位输送“新鲜血液”3572人。评估确定高层次人才58人，其中杰出人才1人、领军人才4人、紧缺人才34人、特色人才9人，平均年龄41岁，博士占比 77%，双一流高校毕业生占比 60%。评聘专业技术二级岗位 11 人，专业技术三级岗位 73 人。

（2）人才队伍素质创新高。各医疗机构积极引进高新技术和专家团队，与各大高校合作成立研究中心及各类科研团体。在现代管理和学科发展方面，学习先进理念和方法，建立高层次人才引进机制，开展新技术新业务。近年来，6 人享受国务院政府特殊津贴，3 人获中国医师奖，4 人入选泰山学者人才工程，12 人被评为省级拔尖人才，24 人被列入齐鲁卫生与健康领军人才培育工程，18 人被评为齐鲁基层名医，6 人获评第十三批济南专业技术拔尖人才。人才队伍结构进一步优化，推动济南市医院医疗水平大幅提升。

（3）事业突破发展创新高。高层次人才为引才单位带来新技术、新项目的同时，也注入了新理念，激发了竞争氛围。杰出人才和领军人才的引进，带动了科室乃至医院在某一领域的快速发展，特色人才的引进填补了医院在某个领域的空白或者加强了其薄弱环节，所在科室年业务量大幅增长。近年来，共引进 4 个院士工作站、1 个国医大师工作室。成功推荐获批国家自然科学基金 6 项、省自然基金 16 项，市中心医院获得科技部“重大新药创制”专项支持。成功申报省级临床重点专科 2 个，市级临床重点专科 2 个，市级重点实验室 2 个。开展新业务新技术近 20 项，填补了多项济南空白，救治水平达到国内领先水平。发表高水平科研论文 60 余篇，国家、省、市科研立项 40 余项，获批科研等方面资金支持上千万，助力科研领域高速发展，区域影响力明显提升。

（三）关于济南市医疗卫生人才队伍建设的对策建议

面对新形势、新任务，全面加强济南医疗卫生人才队伍建设必须全面贯彻习近平总书记关于做好新时代人才工作的重要思想，按照市委人才工作领导小组部署和会议要求，围绕实施黄河国家战略和强省会战略，努力提升卫健人才“首位度”，为康养济南建设提供坚强的智力保障和人才支撑。

1. 创新人才引进模式。做大做强康养济南，擦亮“扁鹊故里”“天下泉城”“康养名城”“实力药谷”四张名片，提升人才吸引力。开展人才引进课题研究，优化人才政策和制度。发挥公立医院人员总量控制优势，用好人才“编制池”，大力实施全方位、多层次、宽领域的人才引进战略。提高紧缺人才引进效率，协调开辟绿色通道，简化审批流程，实行一事一议。加大柔性引才力度，通过顾问指导、短期兼职、技术合作等方式，柔性汇聚高层次人才。创新公开招聘方式，组织校园招聘、组团招聘、网络招聘。至“十四五”末拟投入人才经费 3800 万左右，引进博士或高级职称人才数量 100 人左右。支持市中心医院、市中医医院建设国家区域医疗中心，引进齐鲁医院、广安门医院国家医学中心项目，打造“两中心、两区域”医疗高地，加强院士工作站、博士后流动站、学科联盟等人才平台建设，提升人才吸附培养能力。

2. 搭建人才成长梯队。构建高层次人才“拔高”、中青年骨干“壮腰”、基层人才“兜底”的人才梯队，为全面实施强省会战略提供坚实人才保障。加强与驻济医学院校合作，开展研究型人才、应用型人才及复合型人才的分类培养和标准化培养，实现跨界交叉学科人才的全面培养，做好现代化医院管理的人才赋能和组织赋能。全面加强学科带头人和青年技术骨干培养，实施省市一体化人才发展战略，为市级拔尖人才、省卫健领军人才、“泰山学者”等高水平人才工程做好储备和培育工作。积极参与国家“黄河名医”中医药发展计划，启动基层特色专科建设和骨干人才培育计划，加大基层医务人员订单定向培养力度，推动执业（助理）医师、乡村全科执业助理医师占乡村医生的比例达到40%以上，切实筑牢农村医疗卫生服务“网底”。

3. 优化人才发展环境。创新人才评价新方式，结合卫生行业人才流动特点，探索制定人才信用价值评估体系，促进人才规范有序流动。探索拴心留人新方法，积极营造更加宽松的工作环境和积极和谐的人文环境，推进人才关心关爱工作的制度化和常态化，提升人才的归属感和认同感。进一步优化人才激励机制，完善公立医院现代管理制度，开展公立医院院长年薪制以及院长聘任制试点改革。深化疾控机构、血保中心、急救中心绩效管理机制改革试点工作，坚持优绩优酬，发挥绩效杠杆作用。对接引进国内心血管、脑神经、肝脏和肿瘤疾病的顶尖诊疗名院名医，提升济南市诊疗水平。推进泉城优势临床专科集群建设行动，助力市属医院“大专科、小综合”差异化发展。

4. 提升人才服务水平。加大与发达国家医疗机构技术合作力度，积极开展临床、科研、学术等对外交流，培养具有国际视野、德才兼备的行业领军人才，提升服务国际人才的能力水平。对标“黄河流域中心城市”新定位，落实高层次人才保健服务待遇，加快推进市中心医院、市妇幼保健院等10个在建项目建设，推动市属医院均衡布局，打造国际医疗中心，为驻济人才提供高品质卫生健康服务，为高层次人才、外籍人才打造“类海外”就医环境。

七、 济南市哲学社会科学人才队伍

济济多士，乃成大业；人才蔚起，国运方兴。哲学社会科学人才是实现中华民族伟大复兴征程上一支不可替代的重要力量。党的二十大报告指出：“加快构建中国特色哲学社会科学学科体系、学术体系、话语体系，培育壮大哲学社会科学人才队伍。”近年来，济南市深入贯彻落实习近平总书记关于繁荣发展哲学社会科学和做好人才工作等一系列重要指示精神，采取了一系列重大举措加快哲学社会科学繁荣发展，人才队伍不断壮大，科研成果不断涌现，为强省会建设提供了有力智力支持。

（一）济南市哲学社会科学人才队伍概况

本次调研详细了解济南市管理的哲学社会科学人才队伍建设情况，重点在“为我所有”的力量，因而确定调研范围为市委党校、济南社科院、市社科联等 3 家哲学社会科学工作单位及济南职业学院、济南工程职业技术学院、济南幼儿师范高等专科学校、济南市技师学院、济南护理职业学院、莱芜职业技术学院、莱芜技师学院等 7 家市属院校，不含济南市地域范围内的省属科研院所和部属、省属高校等可“为我所用”的力量。

1. 人才年龄结构情况。截至 2022 年底，济南市哲学社会科学人才共 1382 人，从人才年龄结构上看，30 岁及以下 125 人，占总数的 9%，31 岁—40 岁 434 人，占总数的 31.4%，41 岁—50 岁 488 人，占总数的 35.3%，51 岁—60 岁 333 人，占总数的 24.1%，61 岁及以上 2 人。年轻人才较少，中老年人才占比较高。

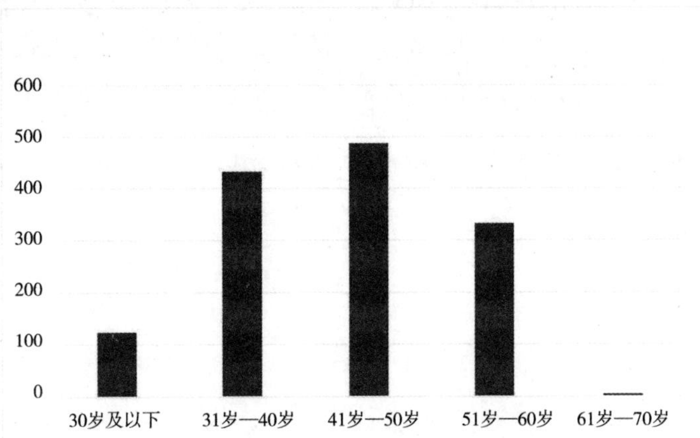

图 6－26　济南市哲学社会科学人才年龄结构
（数据根据济南市委宣传部有关资料整理）

2. 人才学历结构情况。济南市哲学社会科学人才有博士后 2 人，博士研究生 40 人，占 2.9%，硕士研究生 618 人，占 44.7%，大学本科生 813 人，占 58.8%，专科生 73 人，占 5.3%。本科生、硕士人数占总数的 93.5%，学历结构显著优化。

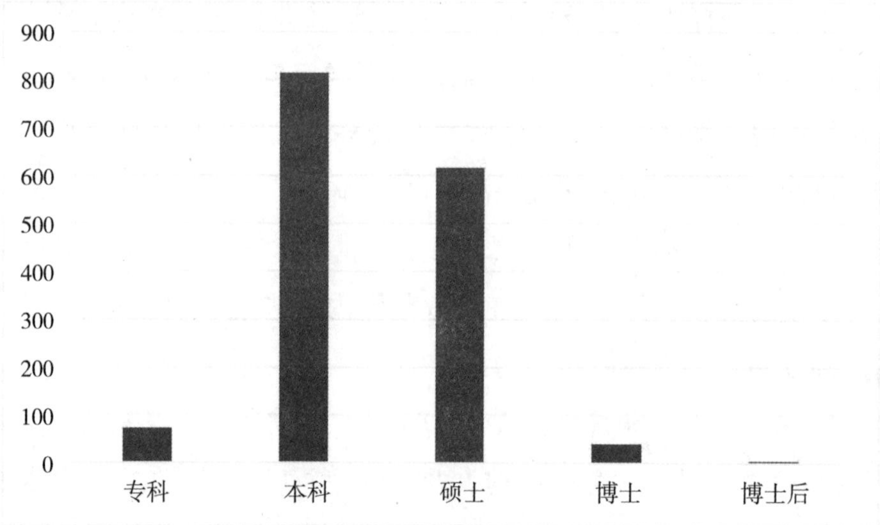

图 6-27　济南市哲学社会科学人才学历结构
（数据根据济南市委宣传部有关资料整理）

3. 人才层次结构情况。济南市哲学社会科学高层次人才 C 类 1 人，D 类 31 人，享受国务院政府特殊津贴专家 2 人，入选省级社科人才工程 1 人，市级拔尖人才和青年学术带头人 15 人，入选人选不够多，特别是有一定影响力的高层次人才较少。专业技术人才 1180 人，技能人才 202 人。

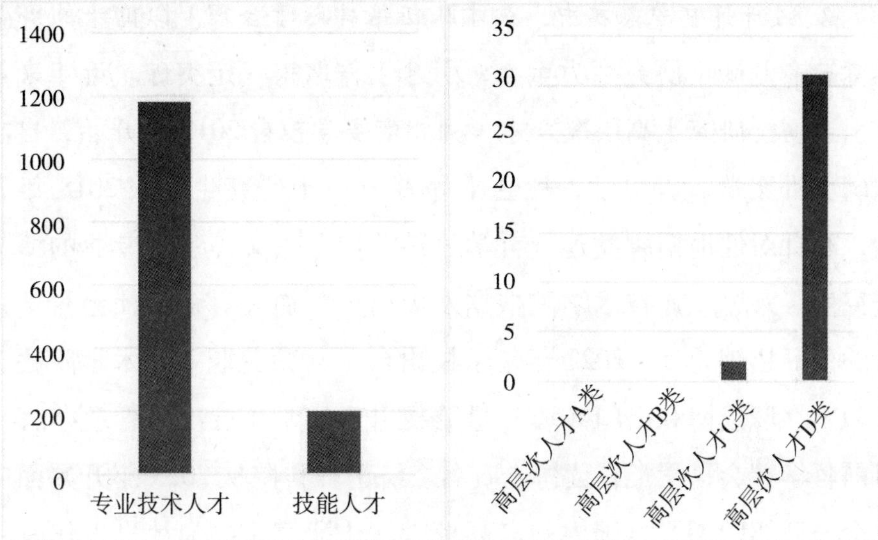

图 6－28　济南市哲学社会科学人才层次结构
（数据根据济南市委宣传部有关资料整理）

4. 人才流动情况。2022 年度，全市新增哲学社会科学人才 65 人，其中，从外地流入人才 90 人，流出人才 25 人。

5. 专业结构情况。大多数哲学社会科学人才分布于市属高校，主要从事教学工作，能够进行科研攻关的力量较少，导致济南市在学术界产生较大影响的原创性、开创性成果不够多。哲学社会科学主要有思想政治教育、历史文化、党史党建、社会学、教育学等学科，经济、管理等学科偏弱，不能很好适应省会城市经济和社会发展对哲学社会科学的需求。

（二）济南市哲学社会科学人才队伍建设的实践探索

近年来，济南充分发挥省会社科人才智力密集的优势，积极对接黄河流域生态保护和高质量发展的生动实践，制定《哲学社会科学人才支持政策实施细则》，坚持多措并举、共同发力，努力为全市哲学社会科学人才成长进步提供创新平台和渠道。

1. 创新引才方式方法，人才队伍结构趋于合理。以博士研究生和紧缺专业硕士研究生为重点，引才工作取得一定突破。近年来重点引进博士研究生高层次人才，例如市委党校自 2012 年开始，自主招聘引进文学、历史学、社会学等专业博士研究生。从 2018 年开始，有针对性地招聘党建、哲学、科学社会主义等紧缺专业的博士研究生。莱芜职业技术学院根据发展需要，加大对哲学社会科学人才的公开招聘力度。2022 年，学校出台了《莱芜职业技术学院关于教职工在职读博和出国（境）进修提升学历学位层次的管理办法》，目前哲学社会科学类在读博士 6 名。济南社科院从 2023 年开始面向社会公开招聘了 5 名国内知名高校的博士研究生，为社科工作发展注入新鲜活力。

2. 构建全方位培养体系，人才队伍整体素质得到极大提升。创新教研人员培养模式。市委党校实行教师个性化培训，探索以“团队项目制”方式选派骨干教师到著名高校、科研机构、高端智库开展访学研修、科研合作，健全完善教师脱产访学和在职深造机制，探索联合高校培养在职博士做法，有计划地选派优秀年轻教师攻读博士学位。济南市幼儿师范高等专科学校实施教学名师培育工程，优先选派校级教学名师到国内外知名高校进行访学、进修，学习、借鉴先进的职业教育理念、管理模式和教学方法。济南工程职业学院积极组织马克思主义学院全体教师利用寒暑假时间，参加国家级、省级各项骨干教师研修班，教师教科研能力、信息化技能提升培训，专题研修班，实践研修班，以及学术研讨和教学改革研讨会，不断提升教学能力。市社科联连续多年举办社科理论骨干培训班，遴选社科骨干赴国内知名高校集中开展业务知识培训，通过实地调研、现场观摩、交流研讨，有力提高了社科骨干人才的理论素养和业务水平。

3. 创新活动机制，社科普及人才队伍得到发展壮大。加强品牌活动策划，培养理论宣讲人才。全面落实《山东省社科普及条例》，着力推进社科普及手段创新、内容创新、载体创新，通过打造“社科有约”“社科专家走基层”“社科云讲堂”等社科普及品牌，培养集聚了一批品德高尚、专业精湛的社科人才队伍。精心组建的社科普及专家库包含100余名专家。建立了49个新时代社科普及志愿服务小分队，采取“线下宣讲+线上普及”的方式，开展各类社科普及活动500余场次，万余志愿者参与活动，打通了服务群众的“最后一公里”，在丰富多彩的活动中提升了社科普及的社会影响力，锻造了勇于创新、锐意进取、梯队衔接、业务能力过硬的“科普大军”。

4. 广泛汇聚社科人才，社科“思想库”和“智囊团”建立建强。通过举办学术年会和理论研讨，为哲学社会科学人才成长打造高水平的学术交流平台。近年来先后举办了“黄河生态文明国际论坛”“加快建设黄河流域中心城市”“扁鹊论坛”“济南新旧动能转换起步区高质量发展对话会”“市党代会精神社科专家谈”等多场规模大、层次高的专题理论研讨会、座谈会，有重点地宣传推介优秀社科人才，为其成长进步提供高水平学术研究和交流平台，从中发现和培养了一批优秀青年社科理论专家。同时，瞄准全市经济社会发展重点和中心，组织社科专家学者开展联合攻关，出精品、出人才。济南社科院充分发挥新型智库作用，聚焦乡村振兴、干部教育培训、公共文化服务、机关党建、济南都市圈、服务型政府建设、廉洁文化、利用外资等重要选题，策划实施8项重点研究课题，聚焦实践发展需求，精准提出对策建议。市社科联联合济南大学、市乡村振兴局深入全市农村考察调研，共同开展“防止返贫动态监测和扶持机制研究”，策划开展“社科专家走一线”活动。经过不断的探索，初步形成了联系面广、联动性强的决策咨询研讨机制，让省市专家智慧真正“活起来”“动起来”，成为服务决策、推动发展的“思想库”“智囊团”。

5. 创新人才奖励机制，社科人才理论研究活力不断激发。不断完善综合考核办法，实施精准考核。各市属高校结合近年来考核工作面对的新形势、新任务和新要求，完善综合考核办法和教学科研考评办法，规范、明确考核内容、考核方式，科学设置赋分权重，以实绩和贡献评价人才，有效激发人才干事创业热情。深入推进“名师工程”，建立各层次名师队伍。拓宽成才成名渠道，推荐教研人员进入各级人才库。完善激励制度，对年度个人教学创新成果、个人科研创新成果、创新项目等给予相应激励，有效激发更多高水平教学科研成果产生。市委党校探索建立干部上挂常态化机制和干部教师蹲点调研机制，支持教研人员到课题研究相关部门蹲点调研。探索建立青年教师基层挂职锻炼制度，选派青年教师到基层挂职锻炼，取得了学校、挂职教师、挂职单位“三方共赢”的效果。市社科联利用济南市社科优秀成果奖评选这一重要载体和抓手，评选了一大批优秀社科成果，有效调动了全市哲学社会科学工作者开展研究的积极性和创造性，尤其是引导激励他们积极聚焦市委、市政府中心工作，开展应用对策研究，推出了一批有较强可操作性的科研成果，发现和培养了一支老中青结合、涵盖多个学科和研究领域、在济南经济社会发展中担当重任的社科优秀人才队伍。同时，计划2023 年启动全市第一批哲学社会科学人才推荐选拔工作，每年拟遴选出 10 名学科带头人、20 名中青年学术骨干、10 个创新团队，分别给予 30 万元、5 万元以及 10 万元的经费支持。

6. 提升人才服务质效，社科人才成长环境不断优化。各高校、科研院所探索实行“刚柔并举”的引才政策，解决青年人才发展的后顾之忧。在落实全市引进人才编制职称、落户手续、生活补贴、购房补贴、子女入学等“刚性优惠政策”的基础上，健全完善教学激励、科研激励等“柔性引才政策”。完善科研项目管理制度，最大限度服务保障好博士专项课题研究、国家社科基金项目研究、省部科研项目研究。关心关注教研人员身心健康，对社科专家开展谈心谈话、走访慰问、“政治生日”活动等，全面掌握教职工健康情况，对患有重大疾病、遭受重大挫折、遇到重大变故、存在严重心理问题的干部建立台账，进行动态管理。

（三）关于济南市哲学社会科学人才队伍建设的对策建议

全面建成社会主义现代化强国，哲学社会科学人才具有不可替代的重要地位和作用。要以建设社科人才高地为目标，以健全完善人才政策为支撑，加大对重点领域人才、中青年骨干人才的引育力度，推动出成果、出名家、出大师。

1. *加强人才建设统筹规划*。牢固树立哲学社会科学人才与自然科学人才同样重要的理念，深入实施人才强市战略，将哲学社会科学人才纳入全市人才总体规划，坚持党管人才，尊重劳动、尊重知识、尊重人才、尊重创造，遵循哲学社会科学人才成长规律，完善哲学社会科学人才工作总体格局，建立健全符合哲学社会科学人才发展自身规律的人才工作体制机制，建设政治过硬、专业精通、梯队衔接、结构合理、求实创新的哲学社会科学人才队伍。

2. *加大高层次人才引进力度*。实施哲学社会科学高端领军人才引进计划。落实济南市人才政策“双 30 条”，根据学科建设和事业发展需要，制定年度哲学社会科学领军人才引进目录，面向海内外精准引进一批哲学社会科学领域学科带头人、紧缺专业人才或创新人才团队，突出引进中青年杰出人才，面向全国哲学社会科学领域引进高层次专业研究人才，落实支持性政策措施，提高人才引进成功率。

3. 健全人才培养体系。加大对社科专家、名师的培育扶持，以高校和社科研究单位为依托，探索建立首席社科专家、名师工作室，发挥社科专家、名师的学术引领作用。建立哲学社会科学人才遴选制度，选拔优秀社科人才进入国家高层次人才特殊支持计划、哲学社会科学领军人才和青年拔尖人才、文化名家暨“四个一批”人才、宣传思想文化青年英才等国家级人才，加快选拔“泰山学者”“齐鲁文化人才”工程等省级哲学社会科学人才，培育“泉城学者”、专业技术拔尖人才、“泉城文化人才”工程人选。实施中青年骨干人才青蓝接力行动，设立优秀中青年人才专项课题，通过项目扶持和优秀成果奖励，引导推动青年学者提升研究水平。举办哲学社会科学人才和管理骨干培训班，提高学术研究能力和社科管理水平。

4. 加强科研创新团队建设。实施哲学社会科学创新工程，支持社科研究机构开展创新工程试点。积极培育学术创新团队，大力推动以学科学术带头人为核心的科研创新团队建设，发挥哲学社会科学领军人才创新引领作用。以重大科研项目为平台打造科研创新团队，实行重点项目“揭榜挂帅”制，优化科研组织形式，组建跨部门、跨学科科研创新团队，以学术团队配置人才和资金等资源。以社会科学名人、名师、专家为核心集聚人才，分类打造科研创新团队、教学创新团队、管理创新团队等，锻炼人才队伍，提高研究能力和水平。

5. 优化人才发展环境。完善哲学社会科学人才评价机制，建立以创新、质量和贡献为导向的分类评价机制。探索推进成果分类评价机制，制定差异化评价标准，基础理论研究逐步完善以“代表作”为基础的同行专家学术评价，应用研究更加突出资政成效和社会效益评估。建立健全科学合理的绩效考核机制，科学设置考核周期，对研究周期较长的重大研究项目实行长周期考核，鼓励科研人员长期耕耘、潜心研究。加大对社科优秀人才和重大标志性研究成果的资助奖励力度，优化市哲学社会科学优秀成果奖奖项数量，提高奖励标准，突出对基础研究成果和重大原创成果以及青年学者优秀成果的奖励，发挥哲学社会科学优秀成果奖的导向和激励作用。科学调整社科研究岗位结构比例，适度增加高级岗位占比，探索设置科研辅助岗位，打通优秀青年人才晋升通道。加强学风建设，健全科研诚信管理制度，弘扬崇尚精品、严谨治学、注重诚信、讲求责任的优良学风，营造风清气正的政治生态和潜心研究、互学互鉴、积极向上的学术生态。

八、 济南市文化艺术人才队伍

文化艺术事业的发展是我国经济社会发展的一个重要组成部分，文化艺术人才对文化艺术事业的发展具有重要作用。近年来，济南市深入贯彻落实习近平总书记关于人才工作的重要讲话精神，不断强化党对人才工作的全面领导，大力实施新时代文化艺术人才战略，全方位引进、培养、选拔、用好文艺人才，文艺人才队伍建设呈现出健康发展的良好局面。

（一） 济南市文化艺术人才队伍概况

近年来，济南市积极采取有效措施，不断加强选人、育人和用人政策实施力度，文化艺术人才队伍的数量和质量都有了较大提高。目前，济南市文艺人才共有8000余人，入选国家级文艺家协会会员450余人。

1. 年龄结构情况。30岁及以下人员487人，占6.1%；31岁—40岁822人，占10.2%；41岁—50岁2186人，占27.3%；51岁—60岁2012人，占25.1%；61岁—70岁1521人，占19%；70岁以上993人，占12.4%。其中，60岁以上人员占比超过30%，老艺术家们经过长年积累，工作经验丰富，艺术功底深厚，传帮带作用效应显著（图6－29）。

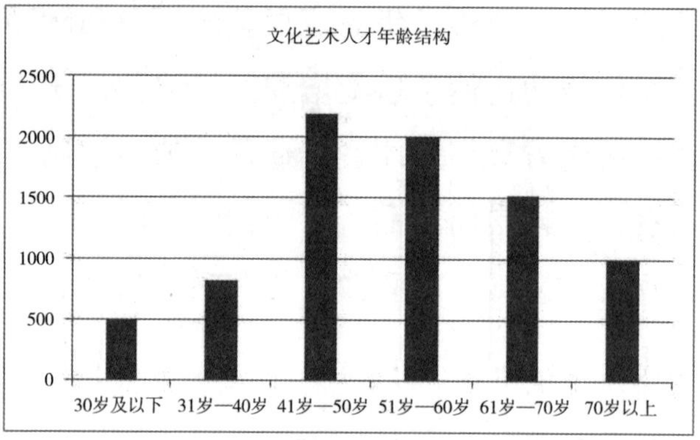

图6－29　文化艺术人才年龄结构

（数据根据济南市文学艺术界联合会有关资料整理）

2. 学历结构情况。大学专科生2196人，占比48.4%；大学本科生2005人，占比44.2%；硕士及以上学历289人，占比6.4%；博士45人，占比1%（图6－30）。其中，大学本科以上学历人数占比逐步提高，越来越多的高素质高学历人才加入到文化艺术队伍中，文化艺术事业不断蓬勃发展。

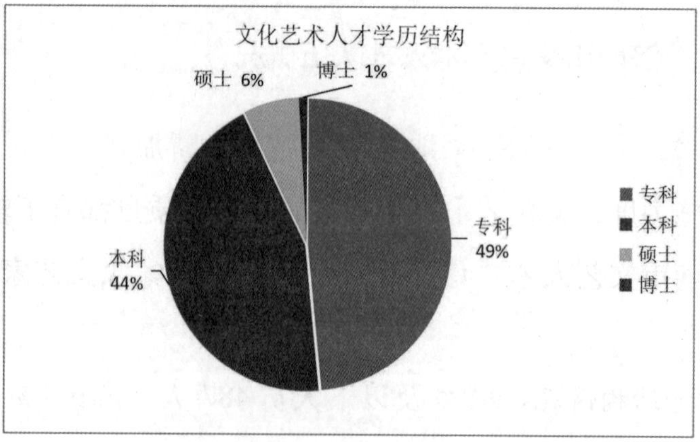

图6－30　文化艺术人才学历结构

（数据根据济南市文学艺术界联合会有关资料整理）

3. 行业门类情况。目前，济南文化艺术人才行业协会主要包括作家、美术、书法、摄影、音乐、戏剧、曲艺、舞蹈、杂技、影视、民间文艺、文艺评论、楹联、朗诵、文艺志愿等 15 个门类（图 6－31），基本涵盖了文化艺术的大部分门类，逐步建立起行业齐全、结构优化，专业水平高、综合素质好的高层次文化人才队伍，在提升城市文化软实力进程中发挥了巨大作用。

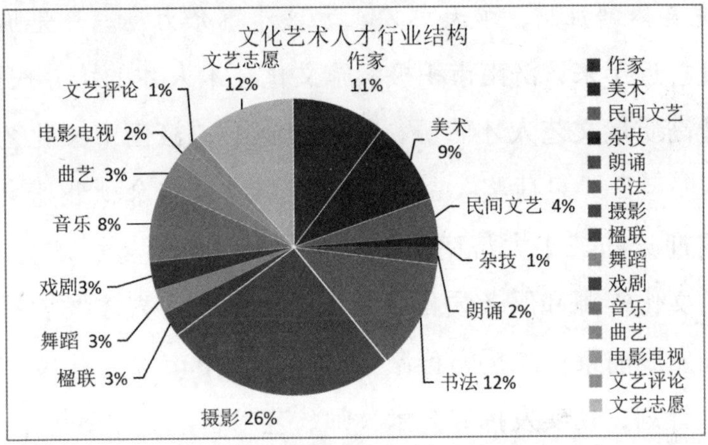

图 6－31　文化艺术人才行业结构

（数据根据济南市文学艺术界联合会有关资料整理）

4. 人才层次结构情况。济南市文化艺术人才队伍中纳入高层次人才 D 类的有 8 人，纳入高层次人才 E 类的有 23 人，先后有 8 名文艺家被授予国务院政府特殊津贴专家，2 人当选中国文联委员，1 人任中国杂技家协会副主席，1 人荣获茅盾文学奖，齐鲁文化名家 1 人，29 人获齐鲁文化之星称号，泉城文化英才 3 人，泉城文艺之星 3 人。济南市文化艺术高层次人才培育初见成效。

5. 行业领军人才情况。济南市国家级舞台艺术领军人才方面有邓宝金（杂技）、董砚萍（吕剧）、姚忠贤（曲艺）、于鹤咏（舞台美术）、李晴（京剧）、李长生（莱芜梆子）、孔海涛（杂技）等 30 余名业内具有较高知名度和影响力的艺术名家；美术行业领军人才方面有弭菊田、张登堂、尹延新、康庄、李承志、张宝珠、杜华等20余位在国内外有较大影响力的美术大师；图文博行业领军人才方面有崔大庸、郭秀海、李铭等近10名学者专家。在引领文化艺术大发展、大繁荣中，行业领军人才作用逐渐增强。

（二）济南市文化艺术人才队伍建设的实践探索

1. 完善体制机制，加大文艺人才培养推介力度。一是加大人才培养力度。近年来，济南市积极实施文化艺术人才的培养扶持政策，倾力打造高质量文艺人才队伍，先后实施了“济南市文化艺术优秀人才百人行动”“泉荷奖”品牌系列赛事以及“金秋襄盛会戏苑绽芳华”喜迎党的二十大济南市优秀剧目展演等诸多引才育才项目，以优质的文化资源和服务质量吸引人才落地，为人才发展提供了广阔舞台和发展前景。二是完善激励机制。济南市深入开展“泉城文艺高峰”计划，切实发挥好艺术大师、艺术名家工作室等平台作用，实施高层次艺术人才、青年艺术之星、优秀艺术人才团队等高端人才培育工程，健全薪酬分配机制，优化青年艺术人才成长环境，打造门类齐全、结构合理的艺术人才队伍。三是拓展网上服务新领域。与“爱济南”加强合作，在《天下泉城》杂志开辟专栏，在“文化泉城栏目”开展系列访谈，在“文旅频道”开展系列音乐会展播，推介宣传济南优秀文艺人才，同时将“泉城文艺网”“文艺名家”栏目改为“文艺风采”，及时刊发优秀文艺家风采和文艺作品。

2. 强化文艺品牌带动，发展壮大文艺人才队伍。一是连续举办八届济南国际合唱节，培养推出了一大批优秀合唱人才。每届合唱节都吸引200多支国内外合唱团参加比赛及展演，累计举办了80多场培训班、30多场大师班·工作坊、40多场高水平合唱音乐会，打造提升了300支基层合唱团，线上线下培训合唱指挥人才和音乐爱好者17万多人次，引起了社会更多方面的广泛关注。二是积极拓展新时代文明实践文艺志愿服务项目，培养推出了一大批基层文艺人才。大力实施“一区（县）一品牌”工程，打造了莱芜区“百姓春晚”、市中区“文化课堂在群众身边”、章丘区“民星才艺大赛”、历城区“全民合唱”等品牌，培育发现了一大批优秀基层文艺人才。三是创新人才培养机制，出精品、出人才成效明显。实施签约作家制度，8名优秀作家成为济南市首批签约作家，创作出了一批反映济南特色文化和改革发展成就的优秀文学作品。实施“海右文学”精品工程，公开征集40余部长篇文学作品，对9名重点作家作品给予资金支持。同时，举办“海右文学”精品图书展，展出济南12位知名作家的35部优秀文学精品，不断提升文学人才和文学精品影响力。围绕黄河国家战略和文化济南建设，每年举办系列摄影采风及展览活动30多次，组织摄影家现场采风、公益授课、实地辅导，发现并培养了一批区县基层摄影人才。

3. 搭建文艺人才创作平台。一是组织系列文艺采风创作。扎实开展“精准扶贫”系列文艺活动，组织200余位文艺家深入全市150余个村居进行采风，创作文艺作品1000余件，举办大型采风创作展和巡回展及线上展，为实施乡村振兴战略和决战决胜脱贫攻坚贡献文艺力量。组织“书写新黄河”“走进新济供”文学采风创作，组织200余位知名作家深入生活、深入群众开展采风创作。二是发挥文艺人才优势，以“艺”战“疫”。组织带领广大文艺工作者创作各类文艺作品1万余件，结集出版济南战“疫”文艺作品选和原创歌曲集，先后举办“文艺战疫·致敬英雄”等主题文艺活动100余次，为统筹推进疫情防控和经济社会发展贡献文艺力量。三是加强文艺人才团结引领，凝聚发展合力。以生动的主题实践弘扬时代精神，围绕建党、新中国成立、改革开放、十艺节、乡村振兴、全面建成小康社会等重要节点和重要事件，组织策划举办了庆祝中国共产党成立100周年系列主题活动、“红遍济南”红色资源采风创作、“翰墨泉城”“魅力泉城”“美丽泉城”系列美术书法摄影展、“生态黄河”摄影大赛、“美术中的黄河”大型美术创作、“十艺济南”系列展演、“大美济南·精彩无限”航拍摄影大赛、征文征联大赛、摄影舞蹈大赛、大型音乐会、泉城书会、诗歌朗诵会、戏剧曲艺舞蹈杂技影视展演等活动400余项，为文艺人才提供了良好的创作条件和广阔的展示平台。

（三）关于济南市文化艺术人才队伍建设的对策建议

人才是社会发展和科学进步的重要资源，也是文化事业繁荣发展的关键，文化艺术人才队伍建设是一项长期的基础性战略任务，需要适应时代的要求，不断调整和完善。

1. 创新机制，深化人事制度改革。一是深化选人用人制度改革。重点抓好科学设岗、竞争上岗、公开招聘、合同管理、严格考核等关键环节，规范聘用操作程序，完善岗位管理制度；积极推进配套改革，研究探索未聘人员的安置办法，研究完善配套的社会保障政策。二是积极推进薪酬制度改革。探索与人才引进、使用相配套的薪酬政策，针对不同的行业、层级制定合理的、能够充分调动文化艺术人才积极性、创造性的薪酬结构，对有重大贡献的杰出人才实行重奖。三是推进职称制度改革，建立健全年度考核工作政策和制度，打破职称评定终身制的做法，将职称评定、聘用与实际工作、经济效益、社会效益、个人利益紧密联系起来，努力营造一个讲实干、求进取、创效益、促发展的社会氛围，使真正的人才有其位、用其才、谋其利，为文化艺术事业作出贡献。四是做好高层次文化人才分类认定。将获得“泰山文艺奖”和艺术突出贡献奖的优秀文艺人才纳入济南市高层次人才队伍，更好激励文艺人才发挥作用和创作更多优秀文艺作品。

2. 加大培训力度，提升现有文化艺术人才队伍的整体素质。一是建立“老带新”“传帮带”“师徒制”等人才培养机制。借助“老艺术家”“领军人才”“学科带头人”，有针对性地组织相关领域专业人员，进行集中或分批、分专业、分行当授课培养。二是建立与高校联合的培训培养机制。加强与山东大学、山东师范大学、山东艺术学院等省内外知名高校的联系，探索联合培养机制，积极建立“在职人员回炉深造”“大学生实践基地”“双向座谈讲座”等长效机制，促使用人单位与大学、专业人才和大学生的“双向奔赴”。三是擦亮文化名家、艺术大师“金字招牌”。成立各类名家、大师工作室，给予专项资金支持，推动名家、大师队伍不断发展壮大，同时在各级各类媒体上加大宣传，使名家、大师成为济南文化艺术人才队伍建设的一个“金字招牌”。四是以“项目化”开展培训。积极探索实施人才项目化培训模式，在培训内容的设计上，按照“抓什么训什么、管什么训什么、缺什么补什么”的原则进行“量体裁衣”。

3. 放宽准入政策，积极引进行业领军人才和紧缺人才。一是引进高端文化人才。制定出台文化领域高层次人才引进办法和实施细则，定期编制和发布紧缺急需高层次文化人才引进目录，组织开展高层次文化人才招聘活动，鼓励文化行业以岗位聘用、项目聘任、客座邀请、兼职、定期服务、项目合作等多种形式引进高层次文化人才。二是对紧缺人才和尖子人才的引进开通“绿色通道”，针对文化艺术专业人才管理和使用的特殊性，适当放宽人才进入尺度。三是设立长期签约文艺家制度。将签约文艺家列入全市人才政策，初步考虑先设立签约作家（参考省作协签约作家办法）和签约评论家（参考省文联签约评论家办法），待条件成熟时向其他文艺门类拓展，重点推出一批优秀文艺作品和优秀文艺人才。

4. 强化激励机制，加大对优秀人才的奖励力度。一是推动文化艺术人才优胜劣汰。通过建立文化人才评选推荐选拔办法、管理实施办法、成果奖励办法等一系列规章制度，为“想干事、能干事、干成事”的文化人才提供强有力保障。二是建立公平、公开、公正的绩效考核制度。根据不同的工作岗位性质特点、职责权限大小及承担责任风险程度制定严格的考核标准，及时对人才工作进行评价，营造更好的创作、创新的文化氛围。三是积极构建政府引导、企业和社会广泛参与的竞技平台，定期举办或参加各类艺术大赛等活动，为优秀的、有潜质的文艺工作者、群众文化创作人员等创造更多展示其个人才华的机会。四是积极培养创作和研究学科带头人。为高层次人才提供带资助的重点科研课题，对拔尖人才出成果所需经费，应制定相应的鼓励政策；对专业拔尖人才或重大学术研究成果，以及荣获大奖的文化艺术产品给予政策性奖励和政策性扶植，大力营造吸引人才、爱护人才、用好人才的环境，为济南文化大发展、大繁荣奠定坚实基础。

九、 济南市社会工作人才队伍

社会工作人才是新时代全面贯彻新发展理念，推进国家治理体系和治理能力现代化的重要力量，是体现社会主义制度优越性的重要方面，社会工作人才队伍作为我国《国家中长期人才发展规划纲要》中六支人才队伍之一，是构建社会主义和谐社会、加强和创新社会治理不可或缺的重要力量。一直以来，济南市高度重视社会工作专业人才队伍建设，将其作为全市重点建设的人才队伍，纳入“党管人才”范畴和人才发展战略，社会工作专业人才队伍建设取得了长足发展。

（一）济南市社会工作人才队伍建设概况

自2007年济南市社会工作及社会工作人才队伍建设工作正式启动以来，市委、市政府高度重视，积极探索，大胆创新，有力地推进了全市社会工作的专业化、职业化进程。近年来，济南市顺应社会需求，积极探索社会工作人才队伍建设新路子，社会工作专业人才队伍规模不断扩大，人才结构日趋合理，济南市社会工作建设得到较快发展。

1. 社会工作人才队伍稳步增长。经过16年的不断磨砺和持续努力，济南市社会工作人才队伍数量和质量始终领跑山东省，社工人才激励保障措施陆续出台，职业管理体系逐步完善，社工人才职业地位不断提升。截至2022年末，全市具备一定社会工作专业素质的专业人才共计11218人，专业人才队伍规模不断扩大（图6－32）。

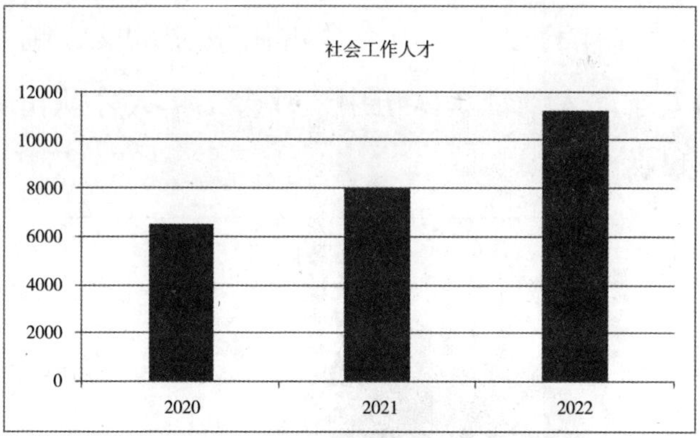

图6－32　2020年—2022年社会工作人才情况

（数据根据济南市民政局有关资料整理）

（1）年龄结构情况。选取在相关领域从事专门性社会服务的专业人才5795人分析，30岁及以下人员1866人，占比32%；31岁—40岁2870人，占比50%；41岁—50岁884人，占比15%（图6－33）。其中40岁以下占比超过80%，社会工作专业人才年轻化趋势明显，社会工作行业正在蓬勃发展。

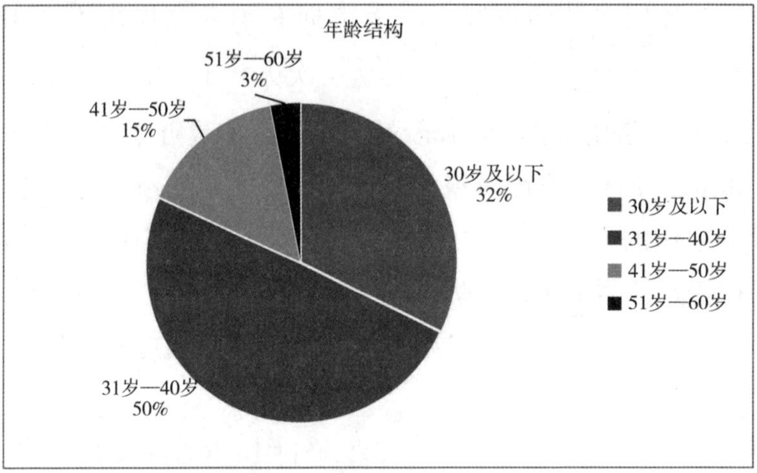

图 6－33　济南社会工作专业人才年龄结构

（数据根据济南市民政局有关资料整理）

（2）学历结构情况。大学专科 1015 人，占比 18%；大学本科 4360 人，占比 77%；硕士及以上学历 310 人，占比 5%（图 6－34）。其中，大学本科以上学历人数占比超过 80%，越来越多的高素质高学历人才加入到社工队伍中，社会工作人才队伍专业化职业化水平逐步提高。

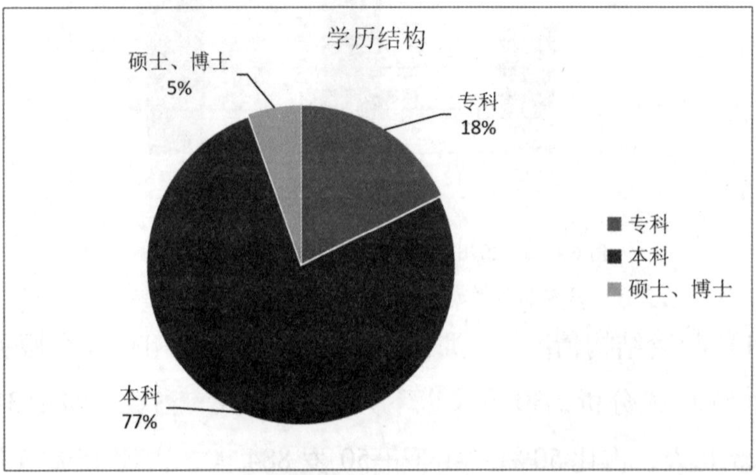

图 6－34　济南社会工作专业人才学历结构

（数据根据济南市民政局有关资料整理）

（3）人才层次结构情况。济南市拥有纳入高层次人才 D 类的“齐鲁和谐使者”94 人，拥有纳入高层次人才 E 类的“‘海右’社会工作高层次人才”121 人。济南市社会工作高层次人才培育初见成效，领军人才作用逐渐增强。

2. 社会工作服务站建设全面推进。济南市高度重视街道（镇）社会工作服务站建设，将其纳入 2021 年济南市政府为民办实事项目和济南市“十四五”民政事业发展规划，在全省率先开展街道（镇）社会工作服务站建设。一是完善制度建构。先后出台《济南市街道（镇）社会工作服务站建设实施方案》《济南市社会工作服务站管理办法》等系列文件，搭建制度框架、规范建设标准、聚焦主责主业、强化措施保障。到 2021 年末，已建成市级社会工作服务站服务指导中心 1 处，区县社会工作服务总站 15 家，街道（镇）社会工作服务站 161 个，实现了市、区县、街道（镇）三级全覆盖。二是规范资金投入。将社会工作服务站建设所需经费纳入市、区（县）财政一般预算安排，建立多元化社会工作服务投入机制，引导慈善资金等支持社会工作服务站项目。过去两年，市、区两级共投入社会工作服务站建设资金 1. 1 亿元，链接社会慈善资金 134. 9 万元；2023 年、市区两级预算资金 5485. 91 万元。三是发挥人才效能。持续强化社会工作对基层民政工作的人才支撑和专业支撑，全市社会工作服务站共配备专业社会工作者 553 人。建立济南市社会工作督导专家和社会工作专业督导人才库，深入一线社会工作服务站，加强专业督导。截至目前，全市驻站社工已接受专业督导累计 3000 余小时，切实提升了服务水平。四是加强提质增效。在全市开展济南市街（镇）社会工作服务站示范点创建活动，共评选出首批示范社会工作服务站 25 个，并成功入选济南市功勋荣誉表彰小组开展的市委市政府创建示范活动项目。2023 年，为进一步规范济南市街

（镇）社工站的建设、运营及管理，启动《街道（镇）社工站服务指南》地方标准的制定工作，已正式立项。

3. 社工人才培养服务不断提升。一是打通服务群众的“最后一米”。全市 161 个街道（镇）社会工作服务站持续发挥作用，建成 25 个示范社工站，共开发社工岗位 500 余个，培养专业社工人才 500 余人。2022 年底，全市社工站已累计服务 27.3 万余人次，服务困难群众 74225 人，开展个案服务 746 个，组织社区活动 6479 次，切实打通了服务群众的“最后一米”。二是创新“五社联动”服务民生。创新打造具有济南特色的“社会工作 +”服务模式，实施“五社联动”，全市 90 家社会服务机构联动 150 万名志愿者和社区、社区社会组织、社区公益慈善资源，为特殊困难群体提供专业服务，年均服务 50 万余人次。三是强化专业支撑。推进政校协作，聘任 23 名专家教授为济南市社会工作督导专家，将全市 26 名具有丰富一线工作经验和较高理论水平的社会工作人才纳入社会工作专业督导人才库，深入一线社工站，加强专业督导，提升了服务水平。四是实施高层次社工人才培养工程。修订完善《海右社会工作高层次人才选拔管理办法》，将“海右”社会工作高层次人才纳入高层次人才库，每两年选拔一届，每届管理期为四年，在管理期内，每人每月享受市政府津贴 1000 元。截至 2022 年底，全市共有“齐鲁和谐使者”“‘海右’社会工作高层次人才”190 人，有效提升了社会工作的社会认知度和影响力。

（二）济南市社会工作人才队伍建设的实践探索

为进一步加快推进社会工作发展，加强社会工作专业人才队伍建设，提高社会工作专业化职业化水平，助推社会治理体系和治理能力现代化，济南市不断加大社会工作人才队伍建设创新举措实施力度，社会工作人才队伍建设工作取得明显成效。

1. 坚持党建统领，社会工作人才队伍不断壮大。一是坚持党建统领。2020 年，济南在全省率先成立市级社会工作行业党委，充分发挥市社会工作行业党委“凝心剂”作用，实现行业党建与业务工作融合发展。依托济南社会工作协会、爱国拥军促进会等社会组织，设立 6 个党建工作站，构建枢纽型党建指导服务平台，开展党建指导、管理和服务工作。二是强化政策支撑。自 2008 年市委、市政府出台《关于加强社会工作人才队伍建设的意见》（济发〔2008〕20 号）以来，济南市相继出台一系列壮大社会工作人才，促进社会工作发展的政策。2020 年出台《关于加快推进社会工作全面发展的若干措施》，为社会工作发展提供了重要的制度保障，有力地推进了全市社会工作的专业化、职业化进程。

2. 突出工作重点，社工人才管理不断强化。一是扩大队伍规模。落实社会工作者职业水平证书登记制度，2022 年全市持证社会工作者达到 11218 人，居全省首位。全市社工服务机构达到 90 家，开发社工岗位 1204 个，扶持开展社会工作服务项目 700 余个，在基本民生保障和基层社会治理中发挥了重要作用。二是加大培训力度。发挥驻济高校社会工作人才优势，与山东大学等 8 所高校签订合作协议，建立社工培训基地及大学生实训基地，定期开展专业培训。连续 14 年举办社会工作者职业水平考试公益辅导班，累计培训 1000 余课时，辅导 10000 余人。

3. 创新社会工作品牌建设。一是汇聚社工行业领军力量。着力打造品牌社工机构，充分挖掘社工人才先进事迹，全市社会工作领域涌现出一批先进典型，2 人被评为全国专业社会工作领军人才，27 人入选全国百名社工人物，4 家社工机构被评为百强社会工作机构，1 家社工机构被评为山东省社会组织创新示范点，有力引领了社会工作行业发展。二是聚焦民政领域品牌建设。认真总结推广社会工作服务先进经验，打造一系列民政领域特色服务品牌。“泉城·爱帮”婚姻登记服务品牌在全省、全国推广，“阳光民生救助”（社会救助）、“悦银龄”（养老服务）、“护航成长”（儿童关爱）、“志愿星火”（志愿服务）、“爱心烘焙坊”（残疾人社会融入）、“爱莲说”生命教育（移风易俗）等品牌项目，都在各个民生领域发挥着重要作用。

（三）关于济南市社会工作人才队伍建设的对策建议

经过多年砥砺前行，济南社会工作人才队伍建设取得长足发展，同时也存在一定问题与不足。在下一步工作中，济南要立足实际，以创新社会治理、提升社会服务水平为目标，努力建设一支适应济南需要、融合济南特色的社会工作专业人才队伍。

1. 完善社会工作专业人才职业体系。一是推进职业评价。推动社会工作者职业水平评价制度落实，鼓励引导社会工作从业人员参加全国社会工作者职业水平考试。做好职业水平证书登记工作，力争到2025年，全市持证社工人才总量达到1.5万人。二是加强岗位开发。推进民政系统事业单位社会工作专业技术岗位设置和聘用；推动街道（镇）和城乡社区开发设置专职社会工作专业岗位；推动社会工作服务机构开发设置社会工作专业岗位，开展专业服务。三是加强实务培训，提高专业水平。根据不同层次岗位级别、工作范围、能力要求，依托党校、社工机构、高校、示范基地等，通过专家学者授课、优秀工作者经验分享、外部走访学习、内部交流研讨、集中学习和自学等形式，提高社会工作专业水平。

2. 健全社会工作专业人才激励保障机制。一是强化人才奖励。将高层次社工人才纳入急需紧缺和重点人才引进范围，按照规定享受专项优惠政策。鼓励慈善组织等依法设立奖励基金，对有突出贡献的社会工作专业人才进行奖励。二是畅通发展空间。根据社会工作者职业水平等级、专业能力、工作经历、岗位业绩等综合因素，合理确定薪酬指导标准，提升社工人才职业认同感，增强社工人才干事创业的信心和决心，为社工专业人才提供成长发展的空间。三是逐步提升社区工作者的薪酬待遇，使之与社会经济发展水平和岗位工作要求相适应。探索推行全国先进地区开发实施的“星级＋薪级”职业薪酬体系和配套的社工管理机制，将“星级”评定管理体系与“薪级”薪酬体系结合起来，与社区工作者职业发展、评先评优等关联起来，注重正向激励，激发队伍活力。

3. 加大社会工作资金支持力度。一是加大资金投入。加大对社会工作财政支持力度，建立以政府购买社会工作服务为主要形式的财政支持机制，规范购买程序，建立合理的自然增长机制。二是加强资金监管。完善政府购买社会工作服务成本核算制度，强化资金使用效率。注重绩效评价，落实相关跟踪问效、责任追究制度，严格监管社会工作项目经费使用情况，确保资金管理安全、规范。三是在人才开发资金中设立社会工作专业人才专项资金，并建立年度增长机制，逐年加大对社会工作专业人才在学习、培训、科研、学术交流和社工人才培育实习基地建设发展等方面的投入。

4. 积极培育多元社会组织。要立足全市社会工作人才发展全局，积极培育各类社会服务组织，特别是民办社会工作机构，完善社会工作服务机构培育扶持政策，鼓励通过提供办公场地和服务场所、税收优惠、政策倾斜等方式，支持社会组织参与社会工作服务项目、社工站建设等。支持本地高等院校强化优化社会工作相关领域课程设置，加强社会工作人才培养。逐步建立和培养本土化社会工作督导人才队伍，为社会工作人才培养提供督导支持。

第七章　人才品牌

近年来，济南市着力构建更加开放的人才政策体系，持续打造宜业宜居的最优人才发展生态。全力聚焦人才政策知晓度不高、高能级人才平台载体不足、人才服务精准性不强等问题，济南市在优化政策体系、建强平台载体、营造优质人才服务环境等方面持续用力，以品牌建设为引领，聚力打造“才聚泉城”人才引进品牌、“海右”人才工作品牌以及“天下泉城　人来无忧”人才服务品牌。济南人才品牌体系的打造以人才成长最为关注的环境要素为切入点，改善环境、优化服务、提升形象，将人才放在集聚创新要素最优先的位置，以产业集聚人才，以人才助推产业，鼓励世界水平的科技领军人才、工程师和科创团队到济南来创新创业，为加快建设“强新优富美高”新时代社会主义现代化强省会提供人才支撑和智力保障。

一、“才聚泉城”人才引进品牌

（一）“才聚泉城”人才引进品牌的实施概况

城市因人才而兴，人才因城市而聚，一座城市的可持续健康发展离不开源源不断的人才资源支撑。为深入实施人才强市战略，打造省会人才集聚新高地，济南市着眼于提升人才队伍发展潜力，不断加大“优苗精培”力度，深入实施“才聚泉城”系列引才工程，着力打造具有全国影响力的“才聚泉城”城市揽才品牌，致力于为企业搭建引才、用才平台，积极抢占引进培育青年人才的制高点。

“才聚泉城”系列引才活动实施10年来，在引进“双一流”及重点高校毕业的硕博人才方面成绩显著，受到企业、高校和毕业学子的广泛认可，“选择济南　共赢未来”成为青年人才的共识。“打造一流环境吸引一流人才，用好一流人才建设一流城市”，“才聚泉城”已由一项单纯的引才活动发展成扩大地方影响、助力智慧崛起、推动人才兴城的品牌系统工程，在精准服务、广纳贤才的同时提升城市品位、扩大社会共识，为产兴民富地方发展涵养“人才生态”，为“人与城市”共兴共融提供“泉城方案”。

（二）“才聚泉城”人才引进品牌的成效

“才聚泉城”引才活动自2013年正式启动以来，共开辟引才专线132条，在中国人民大学等30所重点高校设立济南市人才工作联络站，聘请了82名高校师生担任“济南市招才引智大使”，与105所高校建立了战略合作关系。经过10年的深耕厚植，“才聚泉城”逐步发展成为扩大济南影响、推动人才兴城的系统工程，已然成为济南人才工作的金字招牌。

近三年以来，“才聚泉城”活动聚焦济南市四大主导产业及其他重点产业，着力引进一批能够促进济南市新一代信息技术、节能与新能源汽车、高端装备、空天信息、量子、生物医药、先进材料、新城建、电子商务、人力资本、物流、金融等关键领域及行业发展的急需紧缺人才。通过摸排人才需求，精准规划引才线路，共开辟近30条赴外引才线路，举办180场线下引才活动，近20场线上云端双选会。2021 年以来，正式签约 1.7 万余人，硕士占比 61%，博士占比 4%，2023 年上半年初步达成签约意向 5801 人。济南新增人才数量连年保持“10 万 +”增长速度，截至 2022 年，济南市人才资源总量突破 263 万人，新增青年人才 14.5 万人，人才总量呈现稳步增长态势。

“才聚泉城”云端引才活动打破常规模式，针对不同人才需求，先后出台博士后集聚计划、“梧桐树”青年英才集聚计划、“创客之都”人才集聚计划以及“四海菁英”集聚计划，在活动知晓率、供需参与度、对接成功率上均取得重大突破，成为大力集聚青年人才的有益尝试和成功探索。2022 年 4 月 13 日，央视《朝闻天下》以“扩岗位调动一切力量稳高校毕业生就业”为题，报道了“才聚泉城”名校行“济南站”“云宣讲”助力高校毕业生就业发展的创新举措。2023 年，“才聚泉城”名校行云端引才活动一经上线便引发持续关注。截至 2023 年 5 月，“才聚泉城”云端引才活动服务用人单位 1000 余家，提供岗位需求 5896 个，人才需求 49690 人，活动参与人数 160006 人，收到简历 14150 万份，其中“济南站”启动仪式由齐鲁晚报 · 齐鲁壹点直播，曝光量突破 107.9 万人次。“才聚泉城”云端引才活动在优化引才工作、改善引才效果的同时，为提升城市美誉度、影响力和产才契合度提供新生动力，近三年共有 64.3 万名毕业生来济就业或落户，其中省内高校毕业生 43.1 万人，省外、国外高校毕业生 21.2 万人；“双一流”高校本科以上毕业生 4.4 万人，硕士学位以上青年人才 4.8 万人，进一步夯实了济南市人才金字塔的“塔基”，为新时代社会主义现代化强省会建设提供了强劲支撑。

（三）“才聚泉城”人才引进品牌的实践探索

1. 常态化引才机制全方位推进。完善市场服务主体常态化参与机制。加大政府购买高层次人才服务力度，落实奖励政策措施，积极引导人力资源服务机构、社会专业组织参与高层次人才引进服务，加强对“高、精、尖、缺”型人才需求的专业预测研判，增强青年人才引进的科学性和针对性。完善政府职能部门协同引才机制。构建“产业主管部门提供政策及人才需求清单、人才工作领导小组研究出台政策措施、人社部门立足产业需求组织精准对接”的引才模式，全方位提升人才吸纳能力。利用全国重点高校“朋友圈”，大力开展“才聚泉城”名校行、城市行引才活动，建立健全“选择济南”长效发布机制，持续扩大“才聚泉城”引才品牌影响力。完善用人单位主体作用激励机制。注重引导企业强化人才引领发展理念，高效落实用人单位引才补贴政策，激活用人主体引才用才“原动力”。

2. 载体平台引领效应持续显现。一是强化活动载体。定期举办“选择济南　共赢未来”校地企合作高峰论坛，将重点高校及青年英才“请进来”，感受济南、融入济南。二是拓宽引才渠道。借助海洽会、大连海创周、深圳国际人才交流大会等省内外人才交流平台和20家海内外人才工作联络站，构建常态化引才网络。适时推出“才聚泉城”海外行引才活动，努力引进具有国际化视野的高层次人才，提升“才聚泉城”品牌聚才能力。

3. 政策补贴普惠力度不断加大。一是持续巩固重点高校“宣传阵地”。通过“才聚泉城”名校行、城市行系列引才活动，不断拓宽与各大高校的合作交流。充分利用外地高校网站、手机客户端、微信公众号、新闻媒体等广范围、大力度宣传济南市人才生态环境，精准推送产业引才需求，靶向发布优惠政策，着力增强“才聚泉城”引才工程的影响力和实效性。二是重点锁定青年人才受众群体。强化精准宣传对接力度，以高层次人才生活和租房补贴、博士后留济补贴、“大学生追梦济南行动”“未来之星成长计划”、大学生求职补贴、免费公共交通出行等政策为引领，建立专门“政策清单”“政策导图”。突出明星企业、高层次岗位、优厚待遇等需求发布亮点，吸引青年人才关注，全方位编织招才引智网络，强化推广城市揽才名片，提升人才集聚能力。

4. 高水平人才雁阵格局加快构建。深入践行“千名博士进企业”活动。借助省厅优势资源，充分发挥本土高校联席作用，定期与驻济高校进行座谈，启动建立联席会议制度。在济南市各区县，特别是新旧动能起步区、自贸区面向一流高校、科研院所等单位广泛征集博士需求，具体摸清选派博士服务团人员年龄结构、专业情况，精准匹配十二大产业链重点领域企业，优先选派精干博士服务团到济南市各区内行政管理机构、产业园区、企业等一线挂职。通过园区企业对服务团成员给予一定的绩效奖励，为挂职人才提供一流的创新平台，加快形成高水平人才战略支点和雁阵格局，助力济南市打造黄河流域人才集聚高地。

二、“海右”人才工作品牌

（一）“海右”人才工作品牌的实施概况

近年来，济南市委、市政府深入实施人才引领发展战略，加快建设新时代黄河流域人才集聚高地，营造“近悦远来”的人才生态环境。面对北有京津冀、南有长三角的人才竞争态势，济南结合自身资源禀赋，大力实施人才强省会战略，重点打造“海右”系列人才工程，聚力深耕“海右”人才工作品牌，让人才在济南创有资本、居有保障、业有广成。

2021 年，济南出台《关于分类推进人才评价机制改革的实施方案》，完善人才评价标准，创新人才分类评价机制，推进重点领域人才评价创新。2022 年 7 月，济南市发布《济南市人才服务支持政策(30 条)》和《济南市人才发展环境政策（30 条)》，实施“海右”人才重点工程。济南市坚持以人才品牌建设为引领，“海右此亭古，济南名士多”的诗句广为传颂，“海右”系列人才重点工程将人才按层次分别冠以顶尖人才、领军人才、专业人才、青年人才，既凸显了广聚天下英才的气魄，又便于宣传、提升影响力。

截至 2023 年 5 月，济南市共集聚 120 家省级以上重点实验室、272 家院士专家工作站、71 家省级新型研发机构。“海右”系列人才工程通过“一事一议”引进国内外顶尖人才 13 人，支持金额 2.9 亿元，累计引进培育 1200 余个市级产业领军人才和创新团队，支持金额超过 11 亿元；设立“人才 + 资本”科创金融服务模式，累计对重点人才工程企业股权直投跟投 6700 万元，累计发放“人才贷”信用贷款 4.9 亿元；连续五年成功举办新动能国际高层次人才创新创业大赛，截至 2022 年底，通过双创赛会平台累计落地项目 329 个，引进各层次人才 2180 人，发放人才服务金卡 3900 余张。英国《自然》增刊《2022 自然指数——科研城市》评选的全球科研城市百强名单中，济南位列 36，排名提升 21 位。“近悦远来”的人才生态环境正在加快形成，泉城济南日益成为广大人才的创新创业沃土。

（二）“海右”人才工作品牌的实践探索

1. 打造“海右”人才全媒体宣传平台，讲好新时代济南人才故事。为深入贯彻落实习近平总书记对山东、对济南工作的重要指示要求，不断推进人才工作改革创新，做好人才宣传工作，济南市全力打造了“海右”人才全媒体宣传平台，以更高质量的新闻宣传积极助力全市人才工作开展及品牌创建，更好地讲好“济南人才故事”、唱响“泉城人才强音”。

在建设内容方面，“海右”人才全媒体宣传平台由“一个报纸专栏+两个平台号+系列活动及载体”组成，包括在济南日报设置“海右人才”专栏，开通“海右人才”微信公众号和视频号，及时准确发布全市各部门、各区县人才工作动态。精心开展“项目突破，人才攻坚——海右人才采风行”活动，聚焦全市“项目突破年”中心任务，集中报道济南市优秀人才“逐梦新时代，奋斗强省会”的创新创业故事。在平台打造方面，建设运营“海右”人才会客厅，打造“海右人才发声人”AI虚拟主播“海右”，这也是山东省首个专注于人才宣传工作的AI虚拟主播发声人形象。以“海右”的视角推出系列全媒体宣传产品，创新方式方法，讲好新时代济南人才发展新故事。

通过做大做强“海右”人才宣传平台，讲好新时代济南人才发展新故事，打造更有温度、更具活力、更富内涵的“海右人才”工作品牌，展示出新时代济南呼唤人才、渴求人才、成就人才的满满诚意，全力营造“近悦远来”的人才发展生态。

2. 创建招才引智“云平台”，持续擦亮“海右人才”新名片。2023年4月15日，济南市招才引智“云平台”正式上线。云端招才引智聚焦全市重点产业发展及人才需求，以“云平台”线上直播推介企业的形式，精准靶向青年群体的求职需求，进一步加快引进集聚各类人才，提升引才工作成效，持续擦亮济南市招才引智品牌，为加快建设“强新优富美高”新时代社会主义现代化强省会提供人才支撑。

从“云平台”的运作模式看，招才引智“云平台”并非首次亮相，早在2022年济南驻京办招才引智云平台“智汇泉城职为有你”就已经正式启动，充分发挥在京招才引智“桥头堡”作用，搭建人才资源与重点产业需求精准对接平台，实现在京学子与济南优秀企业的精准匹配。在济南招才引智“云平台”亮相首日，浪潮集团、神思电子、山大经纬、积成电子等“高精尖”企业招揽精英人才，起到“抛砖引玉”的示范作用。从“云平台”的运行方式看，这种云端揽才有利于降低社会成本，促进资源充分涌动，提高高效便捷度。对广大求职者来说，这不啻“人在家中坐，岗位云上来”，节约时间成本的同时，减少不必要的奔波，轻而易举抓住“从天而降”的“橄榄枝”。

当前，国内高层次人才“争夺战”不断升级，背后是经济快速发展和城市能级跃升的双重体现。招才引智“云平台”的正式上线，释放出积极信号和强劲功能。渴求人才、成就人才、留住人才，济南既有真金白银的硬实力，也有兼容并包的软实力，还有放眼世界的人才观。

3. *发挥海右人才就业数智化平台作用，架起求职精准对接的桥梁。*海右人才就业数智化平台聚焦济南市四大主导产业和重点产业领域，以大数据运算为基准，对全市产业人才存量、层次、专业领域等供给侧信息和急需人才专业、学历、职称等需求侧信息进行综合分析，以此掌握全市产才供需整体情况。在数据分析的基础上，采取线上征集、线下摸排相结合的方式，面向重点产业全覆盖征集岗位需求信息，重点动员规模以上企业通过海右人才就业数智化平台线上提交用人需求。通过精准采集需求单位名称、工作职位、专业要求、薪酬待遇、所属区县等信息，提高产业人才需求征集的精准度和工作效率。

2023 年 5 月 29 日，济南发布《2023 年度省会经济圈重点产业发展人才需求目录》，市人才服务中心充分发挥海右人才就业数智化平台作用，不断加大对“高精尖缺”急需人才的引才力度。本次集中征集覆盖济南、淄博、泰安、聊城、德州、滨州和东营等 7 市，涵盖重点企事业单位 2638 家，岗位 6193 个，人才需求达 44763 人。其中，济南共征集重点产业需求单位 1798 家，岗位 3526 个，需求 32054 人，主要涉及精品钢与先进材料、生物医药与大健康、金融、节能与新能源汽车、空天信息、量子技术、新城建、电子商务、人力资本、物流等行业领域。大数据与新一代信息技术行业需求单位最多，达 377 家；智能制造与高端装备行业需求人数最多，达 13331 人。值得关注的是，工程师、技术研发等硕士、博士人才需求旺盛。

数字经济赋能人才就业，网络平台效应在增加工作的选择性和灵活性的同时，使得各类人才获取信息的成本更低、效率更高，让供需两端的匹配更加精准高效。海右人才就业数智化平台正是借助互联网大数据优势，突破了劳动者工作的时空界限，建立起常态化产才供需直接对接机制，在用人单位和求职者之间架起了精准对接的桥梁平台。

（三）“海右”人才品牌典型案例

近年来，济南持续深入实施人才强省会战略，多措并举加大引才、用才、留才的政策力度。在“项目突破、人才攻坚”的战略背景下，通过对“海右”人才优秀典型案例的分析，深入阐释各领域人才为实现创业目标深耕各自领域的奋斗精神，传播济南人才声音，讲好济南人才故事，打造“海右”人才工作品牌，在全市营造重才、爱才、尊才、惜才的良好氛围。

1. 与家乡“同频共振”，高层次人才被政策吸引返乡。作为土生土长的济南姑娘——山东数健科技发展有限公司总经理李鲲，曾到上海打拼多年，又因故土情结，重回济南创业。飞驰的高铁为她的双城生活搭建了“三小时生活圈”，而爱才、惜才的济南人才招引政策为她的创业之路插上了飞翔的翅膀。

众所周知，山东省近几年致力于打造具有山东特色的新时代人才集聚高地，济南市全力“聚天下英才而用之”，日益激发出“人才兴鲁”“人才兴济”的澎湃动能。在这澎湃动能的吸引下，李鲲与合作了十几年的“小伙伴”决定返济创业，通过参加“双创大赛”，获奖后顺利创办了山东数健科技发展有限公司。由此，她又在家乡济南扎下了“根”。

李鲲带领来自上海、深圳、杭州等地的核心技术骨干和人工智能博士立足济南，致力于医学人工智能软件开发及平台搭建，以推进医疗行业“数字化、智慧化”为目标，着力打造医疗 AI 领域现象级产品，形成“云影像 + 云分析”“互联网 + 人工智能”一体化的智慧医疗服务生态产品体系。短短两年多时间，数健科技就取得了多项研发技术成果和发明型专利。现如今，李鲲的团队和山东第一医科大学合作联合打造了济南市唯一一家医学人工智能与大数据实验室平台，将科研成果转化应用在医学和诊疗领域的实际产品中，加速了科技成果的高效转化。

在济南人才政策的滋润中，李鲲和团队也一路发展壮大：2022 年取得“高新技术企业”“山东省创新型中小企业”“山东省大数据创新服务机构”称号，获批山东省大数据创新人才基地等；李鲲本人荣获 2022 年济南市“海右计划”产业领军人才（团队）。“数健的快速发展，离不开山东、济南人才政策的扶持与帮助，济南也为我们这些返乡、返鲁发展的游子，提供了一片创业的沃土。”李鲲相信，被济南这个人才“强磁场”所吸引，更多有“鲲鹏之志”的人才会汇聚济南，为泉城注入更多欣欣向荣、蒸蒸日上的发展动能。

2. 让事业激励人才，让人才成就事业。2023 年是济南市“项目突破年”，要实现项目上的新突破，就需要科技创新领域的新发展和高层次人才的强力支撑。山东省首批独角兽企业、国家级制造业单项冠军示范企业、济南市首家科创板上市企业华熙生物首席科学家、副总经理郭学平在谈及人才对企业的贡献时坦言：“要让事业激励人才，让人才成就事业。”

时光回拨至 1990 年，当时的郭学平还是一位名不见经传的研究员，刚刚着手研究时，团队不仅缺乏科研器材，研究经费也非常紧张。“当时我们就做了一个项目计划书，递交到济南市，希望得到资金等方面的支持。”郭学平说，“当时市里批准了科研经费支持，为我们后续的科研提供了支撑。”在两年的时间里，郭学平带领团队终于从几百个菌种中筛选到一个高产菌株，为透明质酸的量产打下了基础。自此开始，郭学平在国内首先开始研究用发酵法生产透明质酸，承担了国家“八五”和“九五”科技攻关计划，破解了从鸡冠中提取透明质酸难度大、成本高等难题，实现了透明质酸的产业化。科研突破和人才发展是华熙生物走向世界的基础。

如今的华熙生物，不仅组建了国家企业技术中心、国家药监局重点实验室、山东省生物活性物合成生物学重点实验室等科研平台，还与国内外 20 多个高校、院所及院士专家团队建立战略性合作关系。30 年来深耕透明质酸领域，郭学平拥有授权发明专利百余项，承担国家、省级以上项目 20 余项，参与制定透明质酸相关国际、国家标准 3 项，主导制定透明质酸行业标准 4 项，荣获“国家科技进步二等奖”“中国专利金奖”等科技奖励 10 余项。

事业激励人才，人才成就事业。以郭学平为代表的人才队伍成就了华熙生物，同时，以华熙生物为代表的独角兽、瞪羚企业又彰显了济南未来发展的强大潜力，助力济南新旧动能转换。可以想见，会有越来越多的高层次人才和“高质量 GDP”支撑起济南强省会建设向着更高目标冲刺。

3. *身心皆安处，他乡即故乡*。选择一座城市，并在那里扎根、创业、发展，是因为什么？泰山产业领军人才山东艾克瑞特教育科技有限公司董事长张祖平认为，济南最吸引他的有三个方面：“其一，济南文化底蕴深厚、文化名人辈出，人文环境厚重淳朴。其二，在济南创业，我切身感受着这里开放包容的营商环境和蓬勃发展的机遇，与北上广等一线城市相比，济南的生活成本要低不少，优质的安居乐业环境，相匹配的产业就业机会，为年轻人创造了一个适合成长的环境。同时，济南还是一座山水秀美、人杰地灵的历史文化名城，具有得天独厚的自然条件，这也是吸引我在济南发展的一个很重要的因素。”

张祖平坦言，从入选泰山产业领军人才以来，政策的引导助力他的企业进入了发展的“快车道”，持续推出的人才政策也让他获得了很多实实在在的优惠。“在疫情防控最艰难的时候，我们获得了1000 万元的‘人才贷’，不但极大地解决了我们企业资金运转困难的问题，也让我们没有停下研发投入的步伐，将企业发展的‘挑战’转化成了‘机遇’。”在得到各项人才政策支持的过程中，他们研发生产的教学机器人产品，先后取得了 60 余项专利。

“我是人才政策的受益者，我愿意向更多外地高层次人才推介济南。”张祖平真诚的话语，道出了许多在济人才的共同心声，他们都深切感受到了济南“真金白银”、真心实意的支持与扶持，这也更增强了广大人才扎根济南的信心与决心。每每推介济南的人才政策，张祖平都会对伙伴们提到一个亮点，“对于从外地刚来济南，人生地不熟，遇到一些问题不知道去找哪些部门对接，不知道怎么解决的创业者，济南还有一个值得一提的亮点，就是‘人才服务专员’制度，各个部门都有人才服务专员，遇到各方面的困难，都能在这里找到答案。济南给出了满满的诚意，也更坚定了创业者在济南扎根的信心”。

三、“天下泉城　人来无忧”人才服务品牌

（一）“天下泉城　人来无忧”人才服务品牌的实施概况

青年因城市而聚，城市因青年而兴。进入“人口红利”消退期，城市能否对青年保持吸引力，直接关系到城市发展前景。济南把人才作为推动高质量发展的“第一资源”，为吸引更多的青年人才留在济南、扎根济南，济南相继出台了集成度强、含金量高的人才政策，聚力打造“天下泉城　人来无忧”人才服务品牌，营造“近悦远来”良好人才发展生态。

2023 年 4 月份以来，济南市借助超然楼、老商埠等网红打卡地吸引全国众多青年学生来济游玩的有利契机，聚焦将游客“大流量”变成人才“大留量”，从青年人才“吃、住、行、游、娱”的“随身小事”，到求职就业、婚姻家庭的“人生大事”，连续发布两批青年人才优惠政策，包括免费乘坐公交地铁、免费游园、免费观演、折扣观影等福利，涵盖交通、旅游、住宿、餐饮、文化、购物等方方面面，打造全生命周期人才服务体系，让广大青年人才在生活、文化和事业等方面充分享受“泉城礼遇”。

（二）“天下泉城　人来无忧”青年人才优惠政策体系

1. 生活方面。在校大学生可免费乘坐济南公共交通集团所属常规公交线路（不含定制公交）和济南地铁。到指定门店餐饮购物，

青年人才可享受相关折扣。在济游玩青年凭学生证可八折入住69家青年驿站，来济求职青年可免费入住100家青年驿站。青年驿站为毕业生提供免费住宿和综合服务，包括政策咨询、岗位推介、城市融入等一站式服务。青年人才可免费报名参加海右青年人才交友会。

2. *文化方面*。在校青年人才可免费游览趵突泉景区、千佛山景区和济南植物园等，可半价购买济南野生动物世界景区门票。可在山东省会大剧院、北洋大戏院、大观园茗曲阁、莱芜梆子演艺剧场等市属国有剧场享受免费观演服务，在万达影城、百丽宫影城等电影门店可享受折扣观影服务。

3. *事业方面*。开设访企专线4条，优企专场8个，在校大学生可提前预约，近距离参观了解就业意向企业。启动济南市招才引智"云平台"，聚焦全市重点产业发展及人才需求，通过济南市招才引智"云平台"线上直播推介企业，进一步加快引进集聚各类人才，提升引才服务工作成效。

（三）"天下泉城　人来无忧"人才服务品牌的成效

2023年4月15日，济南市举办"点亮一座城、向人才致敬"主题灯光秀，推出"天下泉城，聚天下英才""选择济南　共赢未来"等引才宣言，致敬每一位来济奋斗的人才，充分展现了济南求贤若渴、重才爱才的满满诚意。青年人才系列优惠政策实施后，在社会上引起极大反响，点燃了济南"引人留人"的城市激情，济南日益成为各位人才争相拥入的圆梦之城。

1. 在生活方面：自"天下泉城　人来无忧"人才服务政策上线以来，截至2023年6月3日，免费公交卡申领超过61万张，地铁线网承载大学生免费客运量超过210万人，相关做法被新华社、人民网、山东电视台等广泛报道。青年人才餐饮优惠活动，征集了688

家餐饮门店，为青年人才提供专属餐饮优惠服务，部分优惠套餐低至半价，涉及市区内各大重点商圈、网红打卡地，涵盖了便利店、鲁菜、快餐、甜品等多个品类。

2. 在文化方面：山东省会大剧院、北洋大戏院、大观园茗曲阁、莱芜梆子演艺剧场等剧院向青年学生赠送免费观演门票，演出内容既有钢琴、圆号、交响乐等专场音乐会，也有昆曲、京剧、吕剧、曲艺表演等传统文化，截至2023年6月6日，累计为青年人才提供1400余张免费票。济南11家城市影院针对青年人才推出折扣观影服务，极大丰富了青年人才的业余生活。

3. 在事业方面：浪潮集团、二机床集团、齐鲁制药、华熙生物等26家企业面向大学生开放，共吸引了860余名高校学生沉浸式参观公司的工作环境、生产经营过程，了解公司的岗位需求、薪酬待遇等求职信息，为“校企双向对接、人才牵手留济”搭建平台。招才引智“云平台”开通首日，短短两小时直播，共吸引29.1万人线上观看，共有3000余家优质企业以“网”为桥为求职者提供10000余个岗位，近5000名求职者以“云”为媒投递个人简历，直播间用人单位相关负责人在线与求职者洽谈，互动交流信息近万条。

当前，济南市正加快建设“强新优富美高”新时代社会主义现代化强省会，比以往任何时候都更渴求人才，也比以往任何时候都更能成就人才。招天下英才而聚之，聚天下英才而用之，济南拿出十足的诚意，以一座城市的温暖，用最贴心的服务，最大限度免除人才的后顾之忧，让广大青年人才在济南“发展有保障、生活不用愁、内心有归属”，强力打造省会人才集聚新高地。

第八章　人才发展趋势分析

百年未有之大变局下，国际国内人才流动与使用呈现了新的趋势与特点，同时对人才引育提出了新的问题与挑战，准确分析人才发展趋势是未来济南人才发展把握机遇、规避风险的重要基础。总体来看，济南人才基础厚实、产才融合度高、队伍梯次合理，呈现良好发展态势，未来基于济南人才战略布局、产业发展需求等还需保持较快合意增长率、深化人才体制机制改革等，才能实现济南人才队伍高质量发展。

一、 2023 年人才总量趋势分析

（一）从人才资源供给看，人才资源基础厚实，供给数量稳步提升

从历史纵向看，2010 年以来，济南人才队伍及供给稳步提升。以 R&D 人员全时当量为例，由 33389 人年增长至 53678 人年，增加了 1.6 倍，年均增长率达 9.96%。但也应看到，2015 年以来，济南市 R&D 人员全时当量在 4.8 万人年至 5.3 万人年间徘徊，缓慢增长（见图 8－1）。再以在校大学生数为例，济南由 2010 年的 64.25 万人增长至 2020 年的 89.85 万人，年均增长 2.56 万人（见图 8－2）。从集聚程度看，2010 年至 2020 年间，济南 R&D 人员全时当量在全省

的占比基本维持在15%至17%之间，集聚了全省约1/6的R&D人员全时当量；济南在校大学生数在全省的占比维持在35%至40%之间，个别年份达到42.81%，集聚全省1/3多的在校大学生，人才供给基础比较厚实。

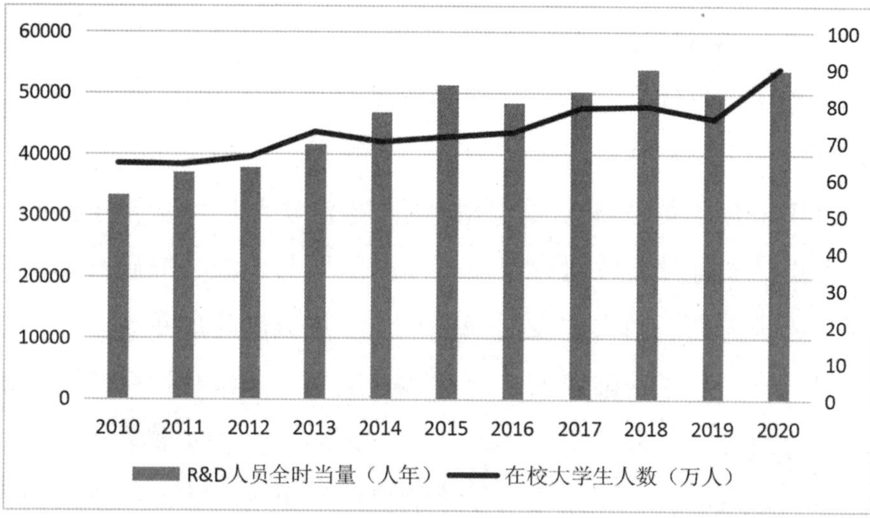

图8-1 济南R&D人员全时当量与在校大学生人数（2010年—2020年）

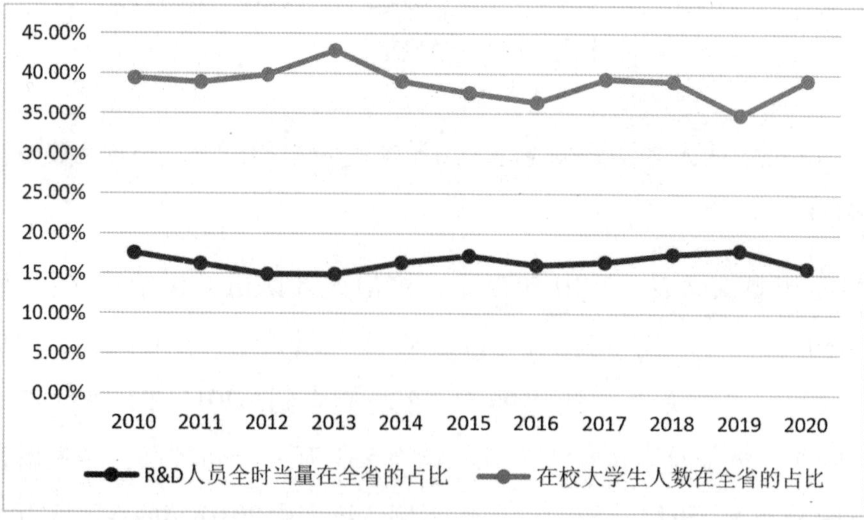

图8-2 济南R&D人员全时当量与在校大学生人数在全省的占比（2010年—2020年）

（二）从人才年龄结构分布看，年龄结构轻，正值智力生产旺盛期

调查显示，2020年以来，济南市用人单位50岁及以下人员占比均达到78%以上，60岁及以上人员占比均在10%以下，人才年龄结构轻。31—50岁人员占比在67%左右，成为人才中的主力军，同时这一年龄段的群体在人力资源生命周期中正值高产出时期，是智力生产旺盛期，具有强有力的生命力与创新活力。30岁及以下的人员占比在23%—26%之间，作为人才梯队的后备力量，储备相对充实，人才年龄结构合理，人才梯次发展良好。

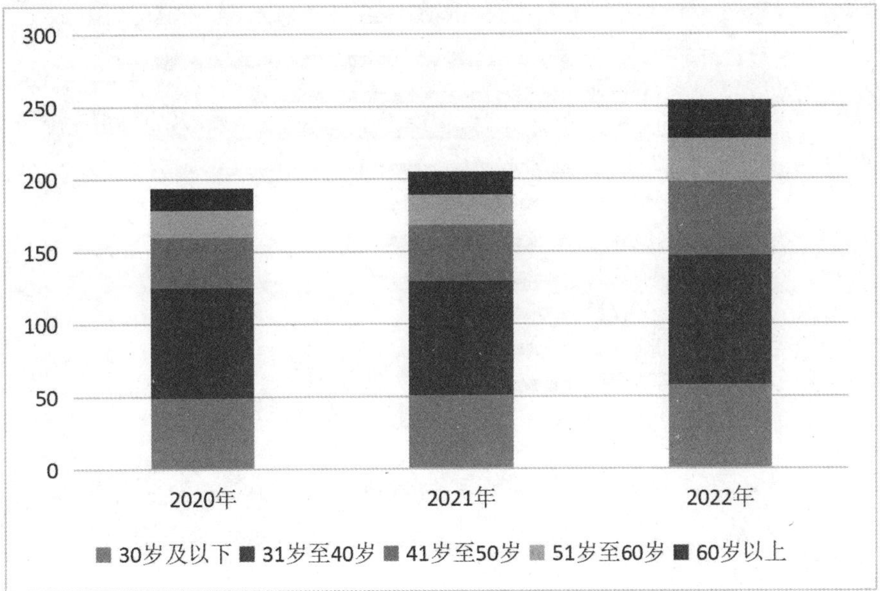

图8-3　济南市人才年龄分布结构图（2020年—2022年）

（数据根据济南市人才服务中心有关资料整理）

（三）从人才行业与专业分布看，与重点产业发展需求基本吻合，产才融合度较高

2022年，人才集聚前十名的行业分别为租赁和商务服务业

(352783 人)，制造业（242350 人），批发和零售业（241082 人），信息传输、软件和信息技术服务业（169141 人），建筑业（159171 人），科学研究和技术服务业（141176 人），金融业（82524 人），教育（81872 人），交通运输、仓储和邮政业（80822 人），房地产业（49744 人）。其中制造业，信息传输、软件和信息技术服务业人才能够有力支撑大数据与新一代信息技术、智能制造与高端装备产业、精品钢与先进材料等支柱产业的集群式发展。教育、科学研究和技术服务业、金融业能够为人才创新创业、科技成果转化等提供有力的支撑，为人才生态圈建设提供智力支持。

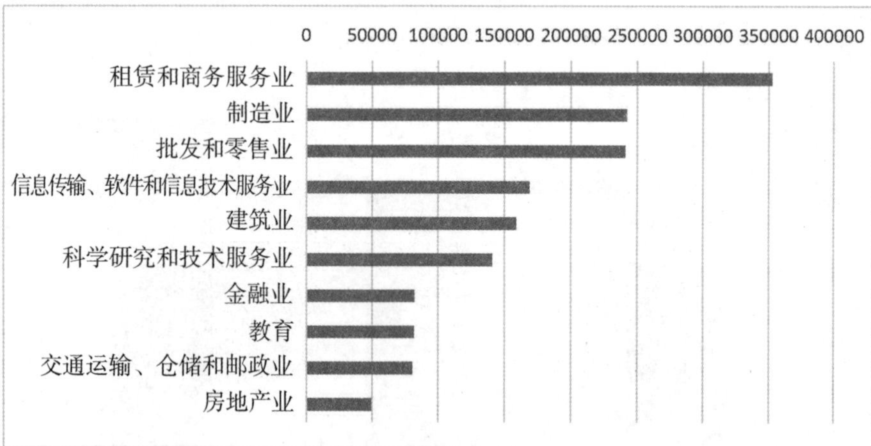

图 8－4　济南市人才行业分布前十名的行业

（数据根据济南市人才服务中心有关资料整理）

（四）从人才流入流出结构看，人才整体呈加速流入状态，城市吸引力增强

济南城市吸引力逐步提升，根据《中国城市人才吸引力排名》2023 年与 2022 年数据对比，济南在 2022 年中国最具人才吸引力城市中排名 15 位，2023 年排名 13 位，名次上升 2 位。与全国主要中心城市对比，尽管与北京、上海、大湾区等中心城市比略显落后，

但是与厦门、重庆、郑州、天津等相比，济南近年来通过“才聚泉城”等引才育才措施与平台建设，城市吸引力明显增强。聚焦到省内看，根据齐鲁人才网山东省人才流动数据分析，2021 年济南人才吸引指数为 12.98%，持续领跑全省。具体到济南市人才流动上，可以明显看出济南市呈现了人才加速流入态势。根据人才数据监控，济南市 2021 年流入人才总量 26.36 万，流出人才总量 15.3 万，人才净流入 11.06 万；2022 年流入人才总量 32.63 万，流出人才总量 16.8 万，人才净流入 15.83 万，人才流入流出比由 1.72 上升到 1.94，上升态势明显（见图 8－5）。

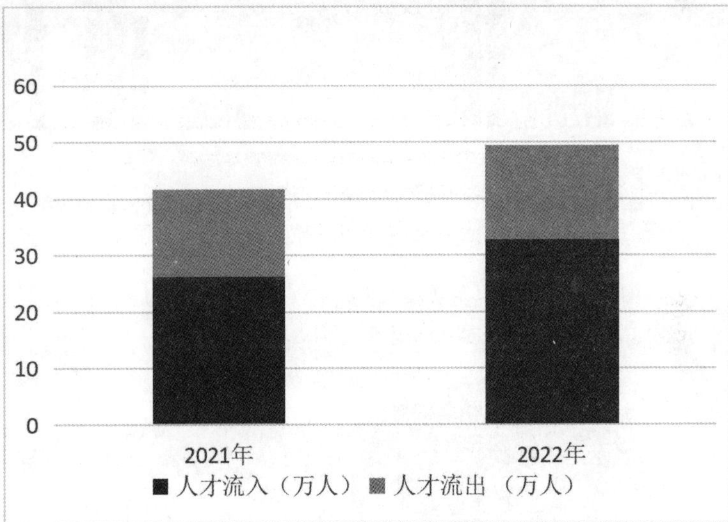

图 8－5　济南市人才流入与流出情况（2021 年—2022 年）

（数据根据济南市人才服务中心有关资料整理）

（五）从高层次人才看，整体快速增长，顶尖及领军人才翻倍集聚

2020 年以来，济南市共认定高层次人才 15000 余人，占济南市高层次人才的 1/2，高层次人才总数增长近一倍，2021 年认定高层次人才最多，达 6308 人，2022 年增速有所放缓。其中，顶尖及领军人才（A 类、B 类、C 类人才）从 2019 年的 307 人增加到 2022 年底

的853人，增加了1.78倍（见图8－6）。截至2022年底，济南市共认定高层次人才30084人，从存量高层次人才结构看，顶尖及领军人才的占比仅为2.8%，D类与E类人才仍然占据较大比例，与济南争创全国吸引和集聚人才平台的目标略有差距（见图8－7）。

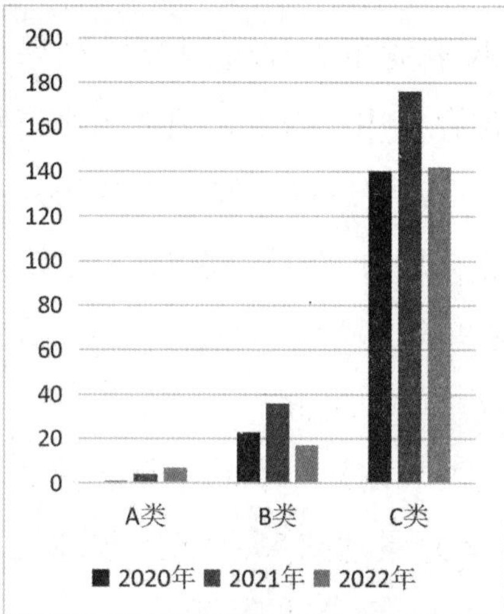

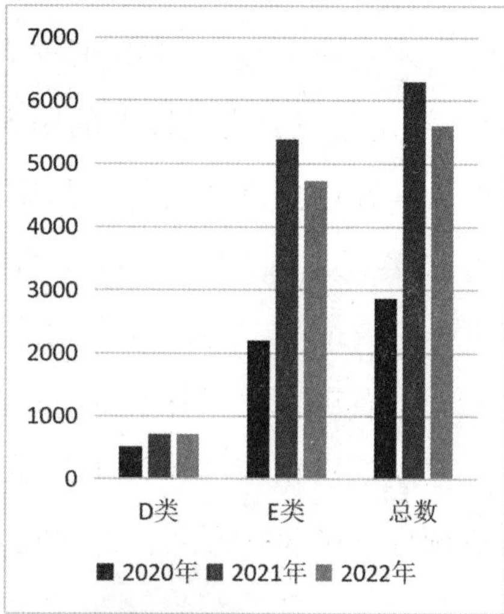

图8－6　济南市高层次人才分布（2020年—2022年）

（数据根据济南市人才服务中心有关资料整理）

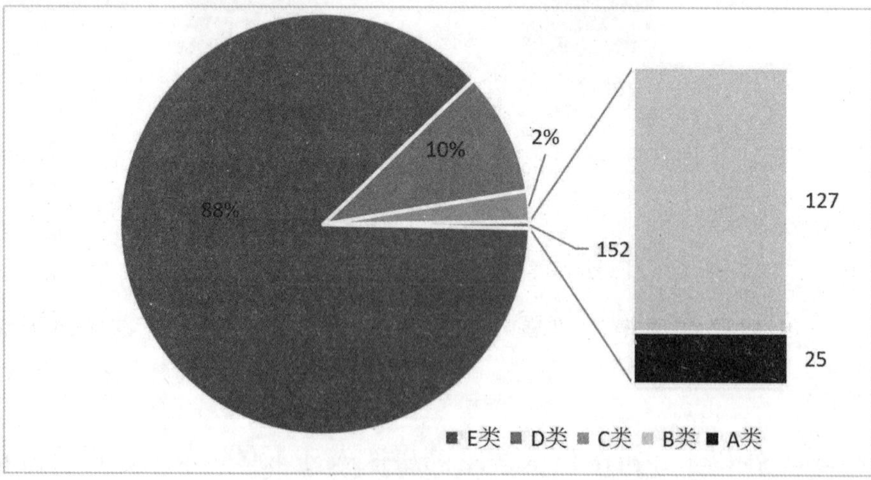

图8－7　济南市高层次人才分布（2022年）

（数据根据济南市人才服务中心有关资料整理）

二、 2023 年人才需求分析

随着疫情放开和市场信心的恢复，预计 2023 年济南人才需求也会回暖上升，但由于城市间的人才竞争日益激烈，目前多数企业仍面临人才紧缺问题。《山东省人才政策竞争力评价调查》结果显示[①]，济南市三分之二以上的用人单位存在用人需求，预期未来三年单位员工数量会持续增加，其中预计员工数量将大幅增加的用人单位占比接近 20%，预计员工数量略有增加的用人单位占比超过 47%。用人单位中超过一半认为未来三年人才需求旺盛，44% 认为对人才略有需求，仅有不到 5% 的用人单位认为没有人才需求。

根据《济南市“十四五”人才发展规划》，到 2025 年济南人才总量预计突破 300 万人，专业技术人才总量达到 55 万人，技能人才总量达到 150 万人。截至 2022 年 11 月底，济南人才总量突破 257 万人[②]，2023 年济南人才总量预计突破 272 万人[③]，因此 2023 年济南人才总需求量约在 15 万人以上。

（一） 重点产业人才需求

人才是产业发展的基础，2023 年济南对重点产业、支柱产业的人才需求依然旺盛，其中对产业领军人才的需求预计在 200 人以上。根据《2023 年省会经济圈重点产业发展人才需求目录》[④]，全市重点产业人才需求总量超过 26000 人，人才需求最多的前三位重点产业

---

①《山东省人才政策竞争力评价调查》，山东社会科学院，2023 年 5 月。

②《新纪录！济南人才总量突破 257.63 万，前三季度吸纳人才 25.44 万》，济南市人民政府新闻办公室，http：//www. jnio. gov. cn/show－6－8604－1. html。

③《2023 年，济南努力实现城镇新增就业 15 万人、力争突破 17 万人》，济南网，http：//news. ijntv. cn/jn/jnms/2023－05－10/876220. html。

④《2023 年省会经济圈重点产业发展人才需求目录》，济南市人力资源和社会保障局，2023 年 4 月。

是智能制造与高端装备、大数据与新一代信息技术以及生物医药与大健康，这三类产业的人才需求总量均在 4000 人以上，其中智能制造与高端装备产业的人才需求为 7831 人，占全市人才需求总量的比重接近 30%，大数据与新一代信息技术产业的人才需求占比接近 18%，生物医药与大健康产业的人才需求占比为 16.25%。其次，新城建、人力资本、精品钢与先进材料以及节能与新能源汽车等重点产业的人才需求总量也较大，人才需求总量 1000 人—3000 人，人才需求占比分别为 10.7%、9.6%、5% 和 4%（如图 8－8 所示）。从人才供需匹配来看，目前多数产业人才供给数量相对充足，但量子科技、医疗康养、科技服务产业人才供给不足。

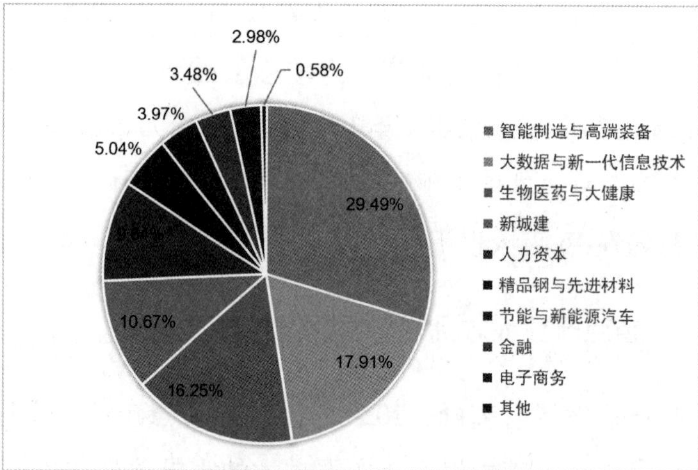

图 8－8　济南市重点产业人才需求占比

（数据根据济南市人才服务中心有关资料整理）

从人才需求的学历分类来看，对博士研究生、硕士研究生和本科生的需求总量分别为 1024 人、2731 人和 22355 人，另有不限学历的人才需求 443 人（如表 8－1 所示）。对博士研究生和硕士研究生需求最多的产业均为生物医药与大健康产业，对本科生需求最多的产业为智能制造与高端装备产业。

表 8-1　按学历分类的济南市重点产业人才需求（单位：人）

产业名称	博士	硕士	本科	不限	需求总数
智能制造与高端装备	193	628	6877	133	7831
大数据与新一代信息技术	145	544	4004	62	4755
生物医药与大健康	439	736	3111	28	4314
新城建	10	145	2632	45	2832
人力资本	81	406	2040	34	2561
精品钢与先进材料	101	190	975	72	1338
节能与新能源汽车	16	50	970	19	1055
金融	14	16	886	8	924
电子商务	1	3	752	34	790
物流	0	2	105	8	115
空天信息	24	3	3	0	30
量子技术	0	8	0	0	8
合计	1024	2731	22355	443	26553

根据《济南市“十四五”人才发展规划》，2023 年济南围绕重点产业展开人才引进和培育，预计大数据与新一代信息技术领域，引进培育 10 名左右产业顶尖人才，100 名左右产业领军人才，500 名左右产业骨干人才；智能制造与高端装备领域，引进培育 6 名左右产业顶尖人才，50 名左右产业领军人才，1000 名专业技术人才和高技能人才；精品钢与先进材料产业领域，高端研发人才超过 1800 名；生物医药与大健康产业领域，研发和高技术应用人才达到 1800 名以上；节能与新能源汽车领域，培育产业领军人才 20 名以上；金融服务业领域，培育 40 名左右专家型金融人才，400 名复合型专业技术人才；电子商务领域，全市跨境电商专业人才队伍达到 6000 名；现代物流领域，国际物流经营管理人才达到 120 名，高素质物流经营管理和专业技术人才达到 1200 名；空天信息领域，引进培育 6 名左右产业顶尖人才，60 名左右产业领军人才；量子科技领域，

形成180人以上的量子领域科研人才队伍；人力资本服务业领域，高素质人力资本服务产业人才达到600名以上。

（二）高层次人才需求

高层次人才是科技创新和经济建设的主力军，2022年济南全市新认定高层次人才5627人，高层次人才累计达3万人，新增高技能人才1.8万人。根据《2022年济南市重点产业人才需求分析报告》[①]，济南对“高精尖”人才、博士后人才、海外留学归国人才、高级工程师等人才的需求占比分别为3%、1%、1%和1%。

《济南市“十四五”人才发展规划》提出，2021—2025年济南新引进和培养各类高层次创新创业人才1000人，专业技术人才总量突破55万人，技能人才总量达到150万人。其中，国内外科技顶尖人才20名，产业顶尖人才50名，产业领军人才500名，产业骨干人才3000名。根据《济南市“十四五”人才发展规划》，2023年济南围绕创新创业，预计需引进培养各类高层次创新创业人才200名左右，“高精尖缺”领域的泉城产业领军人才80名左右，“泉城学者”25名左右；围绕企业家培育，预计重点扶持培育4名领军型企业家，20名具有一定社会影响力的知名企业家，60名具有高成长潜力的青年企业家；围绕教育领域，引进优秀青年教师1000名，培养市级名师20名，培养市级名校长20名，建成名校长工作室20家；围绕医疗卫生领域，培育各类公共卫生领域高层次人才60名，遴选市级名老中医、名中医药专家、基层名中医和青年名中医40名左右，建立国医大师工作站2个，全国、省名中医及中医学术流派传承工作室8

①《济南编制发布〈2022年度济南市重点产业发展人才需求目录〉》，搜狐网，https://m.sohu.com/a/552737718_121218495/。

个；围绕宣传思想文化领域，聘任知名艺术大师1人，引进培养扶持10名艺术人才，培育2名在国内具有较强影响力的文旅产业领军人才，培育引进20名位居全省前列的文旅产业骨干人才，培育200名“专、精、特、新”中小微文旅企业的专业人才。2023年，济南将拓宽高层次人才服务内容，推动高层次人才服务体系升级，加大高层次人才引进力度，提高对高层次人才的服务质量。

（三）青年人才需求

青年人才是人才队伍发展的潜力所在，从就业市场的人才需求来看，本科学历以上的青年人才仍然是企业招聘的主要对象。近年来，济南持续提升“才聚泉城”城市引才品牌全国影响力，大力引进青年人才。通过与知名高校合作，持续稳定引进优秀毕业生，签约战略合作高校突破105家。2022年，济南新增青年人才14.5万人，其中新增硕士以上学历的青年人才占比接近10%。预计2023年济南将继续保持“10万+”的青年人才需求增量。

《济南市“十四五”人才发展规划》提出，到2025年力争新留济大学生达到100万人。根据《济南市“十四五”人才发展规划》，2023年济南围绕青年人才队伍建设，预计需引进培养60名左右高素质博士后人才，引进600名以上海外留学人才；并通过高校之间的联络对接，建立全球青年人才招引格局，吸引大批国内外知名高校学生来济创新创业。

除上述三类人才需求情况，《山东省人才政策竞争力评价调查》结果显示①，目前济南对高技能人才的需求最为强烈，64%的用人单位存在高技能人才欠缺的情况，对有科研成果的人才、国内发达地

①《山东省人才政策竞争力评价调查》，山东社会科学院，2023年5月。

区有相关经验的人才的需求较大，需求百分比分别为 39% 和 31%；对高级经理人存在需求的用人单位占比为 17%；各需求单位对财税金融人才、海外留学归国人才、法律服务人才的需求程度基本相同，需求单位占比均在 13% 左右。

三、 近年人才结构变化趋势

（一）人才总量仍需较快的合意增长率

人才总量合意增长率是指人才队伍保持相对满意的增速，在一定程度上通过努力能达到的增长率，需要综合考虑实际增长率、目标增长率、竞争增长率等各方面制约因素。首先，从近年来济南市人才总量来看，2020 年和 2022 年的增长率分别为 7.4% 和 6.4%，年均增长率为6.9%。其次，根据《济南市“十四五”人才发展规划》目标要求，到“十四五”末全市人才总量突破 300 万人，以 2020 年底数据为基期值，要实现“十四五”目标，年均增长率为 5.3%；基于2020 年至2022 年间人才总量的快速增长，以2022 年底数据为基期值，要实现“十四五”目标，年均增长率为 4.4%。再次，济南要建设全国有影响力的吸引与集聚人才平台的目标，除去北京、上海、大湾区等区域的中心城市外，还存在一些潜在的竞争城市，比如成都、重庆、西安、苏州、南京、杭州等，如果济南保持年均 6.5% 的增长率，“十四五”末人才总量能达到 318 万人，超越杭州、长沙。综上所述，人才总量年均增长率为 6.5%，不仅能够如期实现“十四五”人才规划目标，而且能在一定程度上实现人才总量的跃升，也相对符合济南人才增长趋势的实际。济南人才总量如果保持 6.5% 的年均增长率，未来济南的人才总量分别在 2023 年、2024 年、2025 年达到 280.74 万人、298.99 万人、318.43 万人。

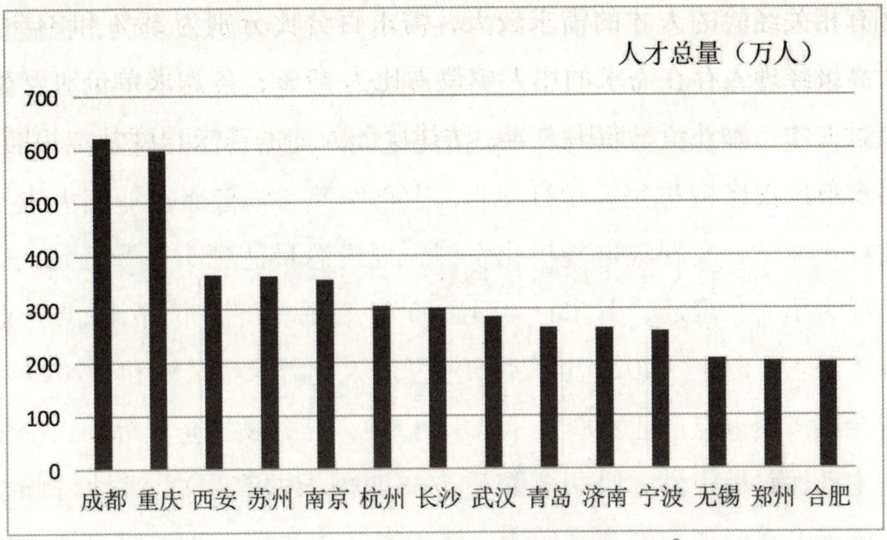

图 8－9　国内主要城市人才总量

（数据由课题组根据公开新闻及有关资料整理）

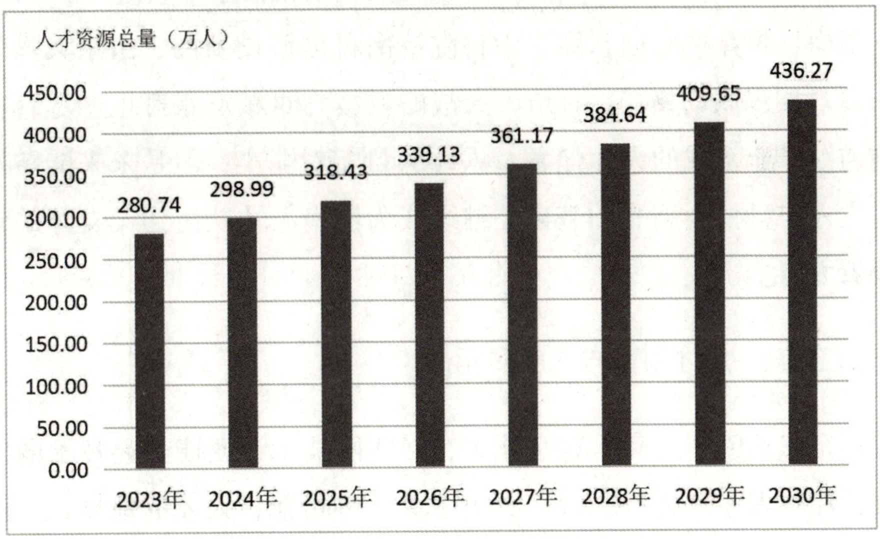

图 8－10　济南市人才总量预测（2023 年—2030 年）

（二）人才引育应聚焦重点和前沿领域

人才是创新发展的重要牵引和支撑，是串联教育链、产业链、创新链的核心要素。当前，国内各省市坚持人才引领发展，把做优人才链摆在首位，全力打造与科技创新、产业发展相匹配的人才矩阵。济南市聚焦大数据与新一代信息技术产业、智能制造与高端装备产业、精品钢与先进材料产业、生物医药与大健康产业四大主导支柱产业链，实现集群规模化发展，规模总量达到 1.3 万亿元，逐渐成为招才、聚才、引才的“强磁场”。目前，济南市围绕重点产业人才需求，制定《2022 年重点产业发展人才需求目录》和《2023 年省会经济圈重点产业发展人才需求目录》，充分发挥企业等用人单位的主动性与积极性，吸引集聚重点产业需求的高层次人才。同时，着眼于未来经济与城市竞争力，济南市还布局了一批前沿产业，如量子通信、类脑智能、元宇宙等，争创国家未来产业先导试验区，抢占产业竞争发展制高点。济南围绕这些前沿产业，构建“产研院创新圈、超算中心创新圈、中科院济南科创城创新圈、山东大学创新圈”四圈联动格局，打造国家战略科技力量核心承载区。尽管目前前沿产业领域的人才储备及人才力量相对弱小，但是未来能够抢占人才与科技制高点的基础，继续成为济南人才队伍建设支撑的重要着力点。

（三）人才引育方式应多元化

全球化创新互联、数字技术、互联网技术、便捷交通技术的发展，使得人才“才”“智”分离成为一种可能，人才的地域、身份归属枷锁逐渐被解除，智力使用更加自由、便捷、高效，变革了人才流动的范式，人才资源配置方式更加多元化。“才”“智”分离，使得人才雇佣方式也发生了颠覆性的变革，人才“去组织化”趋势明显。人才不再局限于“体制内”组织，人才使用单位多元化，既有体制内的高等院校、科研院所、国有企业，也存在各种形式的民营与社会组织。数字经济发展彻底变革了人才雇佣方式，实现了“雇主—员工”关系向“平台 + 人才”的转变。因此，济南人才引育方式要有突破、有创新：一是进一步深化人才生态圈建设，切实吸引人才到济南创新创业。二是积极探索柔性化引才方式，比如鼓励企业在海外或者北上广深等科创资源集聚的地方设立海外研发中心或者人才飞地，借力先发地区的科创优势；又如通过共建实验室、研究院等方式柔性引进高层次人才，与先发地区实现顶尖人才、领军人才共享。三是立足全省，扛起全省人才雁阵格局中领头雁的大旗，充分发挥济南在省会城市圈甚至在全省的带动作用，合理布局人才链、创新链、产业链，更好促进产才融合，带动全省雁阵格局的高质量发展。

四、关于提升济南人才高质量发展的对策建议

人才是第一资源，是城市高质量发展的核心驱动力。济南市第十二次党代会明确提出新时代济南发展的三个新历史方位、六个现代化强省会奋斗目标和十项重点任务，特别提出要在新发展格局中打造国内大循环的战略节点、国内国际双循环的战略枢纽；在国家重大区域发展战略布局中，打造链接京津冀协同发展和长三角一体化发展的核心节点、引领黄河流域生态保护和高质量发展的核心增长极；在新时代社会主义现代化强省会建设大局中，打造加快新旧动能转换的龙头、引领山东半岛城市群发展的龙头。这一系列的定位，既体现了济南应当具有的历史担当，也对新时代济南人才发展提出了更高的要求。结合本次研究，提出如下对策建议。

（一）充分发挥“叠加”优势，持续做大做强人才朋友圈

济南作为山东省会城市，当前正处于多个国家和省级重大发展

战略“叠加”的战略机遇期，必须牢牢把握住重大战略“叠加”优势，进一步做大做强人才朋友圈。

1. 牢牢把握新时代人才发展的时代大势，积极融入国家、山东省人才发展战略布局，乘势而上、聚势而强。充分发挥济南黄河流域中心城市的优势作用，提升济南在黄河流域高质量发展中的人才首位度，主动引领带动黄河区域人才协同发展创新；推进济南与沿黄区域高校、科研院所合作，通过共建优势学科和研究中心等方式，共同建设黄河流域人才合作培养基地；加快与沿黄城市共同组建人才联盟，推动建立以人才协作为核心的技术交流、产业交流、资源共享的创新创业平台，将国家战略优势转化为吸引集聚人才的胜势。

2. 统筹配置运用好省市两种资源，做大引才用才育才蓄水池。济南高校众多，富集了全省重大科技基础设施和一流科技领军人才，应该围绕济南高质量发展需求，充分利用省级科创资源、人才资源富集优势，依托重点高校、科研院所以及省属重点企业，积极争取建设一批高能级科技创新平台、产学研协同创新平台、科技成果转化平台、创新创业孵化平台，实施一批具有前瞻性、战略性的重大科技项目，吸引集聚一批国内外高端科技研发人才团队。

3. 深化区域协调，在协同发展上下功夫，加快推进重要人才中心和创新高地建设。当前，济南都市圈正处于快速成长阶段，人才集聚效应显现，未来 15 年左右将带来巨大的人才发展红利。济南需要加强都市圈内人才政策体系协同创新，以重大战略需求为导向，推进区域内人才一体化发展，进一步优化整合区域内的战略科技力量，联合打造重点实验室、产业创新中心、技术创新中心、制造业创新中心等高能级人才载体，推进基地、人才、项目、资金一体化配置，提升关键产业领域的联合攻关能力，着力打造优势互补的人才科创共同体，不断优化区域内人才协同发展生态环境，促进区域人才集聚能力的快速提升。

（二）坚持引育并重，让人才与城市实现双向奔赴

抓人才就是抓发展，谋人才就是谋未来。吸引人才、留住人才、成就人才是加强新时代人才工作的核心要义，需要进一步完善引才育才机制，为济南高质量发展提供源源不断的智力支撑，努力将济南打造成为人人向往、人才荟萃特别是年轻人创业发展的梦想之城、创新创造的活力之城。

1. 多措并举，进一步提升人口人才规模。2022 年，济南市常住人口达到941.5 万人，相较上年末增长0.8%，显示出人口的稳定增长；城镇常住人口 699.8 万人，比上年末提高了 0.1 个百分点，城镇化率继续提高；人才总量263.61 万人，全年人才流入量达到32.6 万人，净流入量达到 15.8 万人；2022 届驻济高校毕业生达 18.2 万人，2023 届驻济高校毕业生达 20.25 万人，约占全省高校毕业生总量的四分之一，规模达历史最高。因此，济南要持续增强城市吸引力，在保就业、提高就业率特别是青年人才就业率方面下大力气，多措并举大力实施积极的就业政策，充分利用好驻济高校资源优势，进一步提升高校毕业生留济工作的比例，实施更加开放的人才政策，通过加强政策落实、搭建对接平台、强化招聘服务、提升就业创业能力等，热情拥抱每一名怀揣美好梦想的奋斗者。

2. 发挥优势，进一步优化人才队伍结构。济南人才发展优势在于高等教育资源丰富，济南所拥有的每万人在校大学生人数(744.46 人)，大幅领先于北京、上海、深圳、苏州以及省内青岛、烟台等城市，为国内高校毕业生的人才培养重地。但从每万人 R&D 人员数（88.77 人/万人）和人口老龄化率（19.96%）指标看，济南排名又处于中游水平。这就要求，济南要继续保持高等教育优势，

确保高质量基础优质人才资源源源不断培养壮大；重视研究机构、高等学校和科技领军企业在 R&D 人员培养使用中的不同作用，采取积极的针对性措施促使科学研究人员向科技型领军企业、高新技术企业集聚，引导试验发展人员向规上以上企业以及产业端集聚，有效提升每万人 R&D 人员数量；同时要树立积极应对人口老龄化的“大人才观”，在人口老龄化不可逆转的长期趋势下，要提高出生人口素质、提升新增劳动力质量、构建老有所学的终身学习体系，提高人才资源整体素质，通过创新人才发展治理实现新的“人口红利”。

3. 重点发力，进一步提升人才产出效能。从人才效能看，济南的专利申请和授权数量分别为 46563 件和 25158 件，但低于国内 TOP30 城市平均 8 万件和 4.8 万件的水平；从全员劳动生产率看，济南平均为 20.08 万元/人，低于国内 TOP30 城市平均 20.82 万元/人的水平。因此，必须在提升人才效能方面重点发力，在人才赋能方面出台政策，重点激励高校、科研机构以及高新技术企业提升专利申请和授权数量；在提高全员劳动生产率方面，需要制定出台提升企业全员劳动生产率的办法措施，重点加强全市各类企业的教育和培训，有效提升企业员工的能力素质，尽快赶超平均指标（20.82 万元/人），争取冲击高线指标（25 万元/人），进一步提升人才产出效能。

（三）以产业为牵引，着力建设高水平科技产业人才高地

人才因产业而聚，城市因人才而兴。产业是承载人才集聚和科技创新的重要策源地。要围绕济南科技创新和产业高质量发展需要，依托济南十强产业链布局，强化企业科技创新主体地位，推动人才链、产业链、创新链、资金链融合发展，加快构建产业人才集聚

高地。

1. 以产聚才，进一步夯实产业发展人才基础。聚焦济南十强产业高质量发展需求，采取更加灵活高效的方式，引进和培养一大批急需紧缺、掌握“卡脖子”技术或对科技创新有重大带动作用的战略科学家、产业顶尖人才、产业领军人才，以技术迭代孵化推动产业“换道超车”，促进战略性新兴产业做大做强。激励更多劳动者特别是青年一代走技能成才之路，培养更多高素质技术技能人才、能工巧匠、大国工匠，深化产教融合，结合市场需要，及时优化职业院校专业设置，落实企校双师、工学交替的技能人才培养模式，全面提升劳动者职业技能水平和就业创业能力，着力打造一支技术精湛、本领过硬的创新型、应用型技能人才队伍。

2. 提升保障，进一步强化人才发展投入。从人才投入来看，济南科技支出、教育支出、R&D 经费内部支出等指标均处于国内 TOP30 城市的中游，这对进一步提升济南人才发展质量造成了较大的束缚，特别是科技支出仅 39.65 亿元，支出总量同北京、上海、深圳、广州、苏州、武汉、合肥等先进城市（百亿级以上）相比差距巨大，在新兴技术研发、产业行业引领上处于不利局面。教育支出近年来持续提升，达到 211.01 亿元，年均增长 16.75%，但对标发达城市仍旧总量不足，教育投入的不足将制约高水平高校和人才队伍的培养发展。R&D 经费内部支出（225.53 亿元）近年来持续增长，但总量不足，体现了济南市企事业单位用于内部开展 R&D 活动（包括基础研究、应用研究、试验发展）的实际支出水平不高，对科技人才创新研发活动的支持力度较弱。“十四五”期间，济南必须进一步加大教育、科技、研发投入，不断探索教育、科技、人才、产业协同发展的内在规律，以政府投入带动、助推“四链融合”大文章，加快建设高质量教育体系，充分涵养人才第一资源，大力发展科技生产力，努力激发创新第一动力，形成教育链、科技链、人才链和产业链深度融合、高效循环的战略格局，着力提升科教创新体系整体效能，汇聚起系统支撑全面建设社会主义现代化济南的强大合力。

3. 补齐短板，进一步强化平台支撑。从整体上看，济南高能级的人才平台总量规模并不突出，与兄弟城市基本处于伯仲之间，与先进城市相比差距仍然非常明显，甚至是数量级差距，在支撑人才创新发展方面动能略显不足，特别是在拥有高新技术企业方面，济南拥有高新技术企业 5772 家（2022 年），相比较头部城市（2 万余家）差距巨大，非常缺乏这一市场化的创新创造高层级平台，严重制约了人才链与产业链的深度融合。因此，济南必须下大力气加强高能级人才平台建设，出台更有效的政策，重点聚焦优势性产业和标志性产业，培养一大批制造业单项冠军、“专精特新”中小企业、高新技术企业，培育一批具有全球影响力的领军企业和优势产业集群，全面提升产业对人才的吸引力和黏着力。

（四）坚持改革创新，不断激发人才创新创造活力

人才高质量发展离不开体制机制的改革创新，要从体制机制上解决制约人才发展的深层次矛盾，切实发挥市场对人才资源的配置作用，加快构建公平公正、宽松有序的制度环境，最大限度激发释放人才创新创造活力。

1. 创新完善人才引育留用机制，为高质量发展蓄力赋能。围绕青年人才引进，创新招引渠道，不断完善大学生就业见习等政策，努力搭建起“校企地”合作新平台。积极融入“大循环、双循环”新发展格局，抢抓海外人才引才窗口期，拓宽引才渠道手段，在发达国家和地区、国内主要城市广泛布局人才交流联系驿站，招募城

市合伙人。激发市场引才积极性，针对重点企业用人需求，探索建立“企业点单，政府配送”的引才模式，推动产业发展与人才招引同步谋划、同步推进。聚焦重大共性关键技术和“卡脖子”技术领域，实行“揭榜挂帅”和“赛马制”，集聚海内外高层次人才揭榜攻关。破除人才流动障碍，创造人才流动有利条件，畅通党政机关、企事业单位、社会各方面人才流动渠道，促进人才有序顺畅流动。

2. 完善人才评价制度改革，加快建立以创新价值、能力、贡献为导向的人才评价体系。坚持人才评价的分类导向，遵循干什么评什么原则，根据人才的职业属性、岗位特质、所在领域等实施分类评价，对在济南产业发展、社会事业领域贡献较大，现行人才标准难以界定的“偏才”“专才”，实行“一事一议”。坚持人才评价的贡献导向，以实绩论英雄，只要对经济社会发展有突出贡献的都应是人才。坚持人才评价的自主导向，充分赋予用人单位评价自主权，用人单位自主探索建立各类人才评价标准，解决人才使用和评价脱节问题。坚持人才评价的市场导向，让政府选人转换为市场选人、产业和企业选人，同时要结合新业态、新产业和新职业需求及时调整人才评价标准，为济南发展提供充足的多元的人才资本供给。坚持人才评价的发展导向，要在科技创新主战场中发现和评价人才，优化领军人才发现机制和项目团队遴选机制，有意识地发现和培养更多具有战略科学家潜质的高层次复合型人才。

3. 完善人才激励机制，让人才过得来留得住。在科技人才引育上，构建充分体现知识、技术等创新要素价值的收益分配制度，全面深化科技成果处置权、收益权、使用权“三权下放”，健全科研人员职务发明成果收益分享机制。支持高校、科研院所面向高层次人才实施协议工资制、项目工资制，提高人才待遇的市场竞争力。鼓励具备条件的科研型事业单位向新型研发机构转型，探索设立混合所有制企业，将收入分配向高层次、高技能人才倾斜，对于关键核心人才实施股权、分红权激励等中长期激励措施。进一步完善人才奖励、人才荣誉制度，对在济南经济社会发展中实现重大科研突破、重要科技成果转化、重点产业发展培育、社会事业领域贡献突出的各类人才给予表彰。

（五）坚持以人为本，大力营造温馨友好的人才发展环境

结合人才发展需求，建立健全多元化、精准化人才服务体系，为人才营造舒心生活、顺心工作、安心发展的良好人才发展生态环境，切实增强人才的归属感、获得感。

1. 改善人才留济发展的公共环境。大力实施人才安居工程，用好用足人才房政策，多措并举筹集房源，向留济发展人才提供可承担的保障房、公租房、过渡房。在起步区、开发区、CBD 等年轻人集中聚集区，积极打造高品质、有品位的 15 分钟生活圈，一站式解决青年人才就业就读、交通出行、休闲交流等适龄性需求。建设现代设施环境，新增产业用地优先保障科技创新需要，加快水电气公用设施、邮政通信网络设施、环境保护设施配套布局，提供数字化应用场景，完善“城市大脑”，建设智慧城市，让人才住得更安心、更便捷、更舒适。

2. 提供优质的全周期生活服务。围绕人才子女上学、就医保健、出行服务等人才最关心的关键小事，切实做到学有优教、病有良医、老有颐养、出行无忧，解决好人才来济的后顾之忧。结合济南当前人口生育现状，重点加强托育机构、优质基础教育和示范性高中建设，支持通过学校合作托管提高办学质量，高标准配置国际学校。鼓励驻济三级甲等医院设置人才窗口、人才门诊、人才病房，大力引进优质医疗资源，提高每千人医生、护士数量，探索建设国

际医疗机构。优化养老服务机构布局，进一步完善人才养老保险缴纳政策。

3. 大力营造舒适温馨的人文社会环境。“栽好梧桐树，引得凤凰栖”，积极建设近悦远来的人才友好型城市，进一步完善更加周到、多元融合、开放包容的人文关怀服务机制，实施跨部门流程再造，畅通归口受理、集成推进、即时反馈、持续优化的服务路径，实现全市人才业务“一门进、一窗办、一网通”。推进人才工作数字化进程，建设人才数据中心，畅通数据共享渠道，大力推进“无形认证”“政策找人”，提升人才服务智能化、智慧化。继续擦亮济南人才专属的“海右人才节”，以一座城的名义向广大人才致敬，真正让广大人才在济南“发展有保障、生活不用愁、内心有归属”。

后 记

《济南人才发展蓝皮书（2023）》由济南社会科学院、济南市人才服务中心和济南高层次人才发展促进会共同编写，旨在客观反映济南人才发展基本情况，系统总结济南人才工作实践做法，全面展现济南人才工作创新成果，为济南人才工作高质量发展服务。

在市委人才办的领导下，为编写好《济南人才发展蓝皮书（2023）》，济南社会科学院作为主创单位，高度重视，精心筹划，组织全院精干科研力量并邀请山东社会科学院 3 名专家组成联合课题组，全力以赴完成了编写任务。在本书编写过程中，市委人才工作领导小组各成员单位、各区县（功能区）和市直有关部门都给予了大力支持，提供了大量翔实的资料和数据，使本书的编写得以顺利完成。在此，一并致以衷心的感谢！

本书总体框架共分八章，具体分工如下：第一章由齐峰撰写，第二章由李记全撰写，第三章由唐靖淮、张祺撰写，第四章由杨志媛撰写，第五章由李战、张霖撰写，第六章由王新军撰写，第七章由王琦撰写，第八章由罗涛、刘晴、王娜撰写，前言和后记由齐峰、李战撰写。

《济南人才发展蓝皮书（2023）》是济南市首部系统反映全市人才工作的研究报告，期待能够为服务济南高质量发展发挥积极作用。由于第一次尝试编写这本蓝皮书，调查工作量大，数据涉及面广，可能不尽一致，相关章节的部分内容可能存在不足，不能够准确反映全市人才工作全貌和有关部门的人才工作情况，还需要进一步深度挖掘和精细打磨；同时我们经验不足，研究能力和水平有限，加之时间紧、任务重，有疏漏或错误之处在所难免，敬请广大读者提出宝贵意见。

我们将进一步提升人才研究工作水平，围绕推进产业链和人才链深度融合、乡村振兴人才队伍建设、建立济南市人才发展指数指标体系等深入探索研究，力争多出成果，出好成果，为济南人才高质量发展提供学术支撑和智力支持，为建设“强新优富美高”新时代社会主义现代化强省会作出社科贡献。

编者

2023 年 6 月